LONDON LONDON LONDON

倫敦男子日常

倫敦男子 著・攝影

Open House

一年之中只有 9 月早秋之時，有機會踏進倫敦大大小小的有趣建築物，從歷史古蹟、設計住宅、建築名家作品、恢宏驚人的企業商辦、風格獨特的私家住宅、一直到神祕難攀的政府機構等等，不管你是不是建築迷，總能有這麼幾個引起你興趣，跑遍全城深入瞭解這座大都會。起源於倫敦的 Open House 是「建築開放參觀日」，包括台北等全世界數十個城市皆有授權舉辦，讓市民們有機會在活動期間可以進入那些平時深不可探的建築。來到倫敦，若是旅遊期間剛好碰上了，機會難能可貴，較熱門的場館舉凡市政廳、英國國宴廳、外交部、知名企業的總部、各國大使館、名設計師打造的私宅、建築事務所工作室等等，只要提前一個月關注官網的抽籤訊息，就有機會進入參觀，甚至有專人導覽解說。部分場地則為線上報名或現場排隊，每年的名單不盡相同，每一次都有新鮮體驗。

open-city.org.uk

Pride Month

每年 7 月的倫敦驕傲遊行 Pride 是見證這城市多元包容的好機會。英國企業、政府單位、甚至陸海軍都會派出大陣仗參加，加入遊行隊伍通常得以團體方式報名，所以一般民眾可以從官網公布的遊行路線選擇定點觀賞，一同感受多彩熱鬧的氣氛。

prideinlondon.org

Car Boot Sale

很喜歡英國人惜愛二手的精神，大街上經
常可見的慈善二手店、各地林立的古物市
集、還有讓人彷彿走入 70、80 年代的後
車廂跳蚤大集會：car boot sale。後車廂市
集，顧名思義就是賣家把家裡不需要的東
西或想要出手的珍藏全都放進後車廂，車
子開到市集場地後直接敞開，讓買家隨意
挑選。這樣的市集規模有大有小，主辦單
位沒有固定，若想試著去參加，可以直接
上網搜尋 car boot sale in London 的關鍵字，
各個近期舉辦的市集就會全跳出來，再選
定喜歡的買入場門票就好。某一次去了國
王十字車站附近的場，在倫藝大校區前，
各種展示用的古董車來來往往，讓人完全
掉入另一個時空。有認真逛街挖寶的人，
有精心打扮享受鎂光燈焦點的復古時尚愛
好，有對於老時代產物仍痴迷的專業賣家，
從 1980 年代穿越生命的高手雲集，架起
一片屬於這些人的復古暈雲，盡情遊玩、
隔絕於世。

www.kingscross.co.uk/event/
classic-car-boot-sale

這本書從構思到完成花了 3 年的時間，誰也沒想到，一場病疫攪局，拖了這麼久。不過也因為有這麼充裕的空檔，我更有機會放慢步調，仔細記錄倫敦。沒有你耳熟能詳的地標景點，只有居民的在地名單：唸書時沿著河岸散步撞見的藝廊、上班族經常光顧的精品咖啡廳、義大利同學帶路披薩店、日本人私心推薦的居酒屋、早上開始工作前去晨跑的公園、週末在社區周圍散步 2 小時的鍾愛路線、丹麥朋友大推的肉桂捲、英國人的酒吧名單，我這 7 年以來的生活經驗全都呈現在這本書裡，與其說它是旅遊指南，更是一本集倫敦各區的生活小誌，希望帶給大家有別於響亮景點的旅行體驗。

商業大樓林立的市中心突然出現踩著高輪車的紳士大叔，金融區旁的老市集看見正要去跑趴的繽紛男女，全副武裝的壯碩警察成群進入文青咖啡店吃冰淇淋；5 月一到，攀爬整面西倫敦老宅的植物叫做紫藤，轉角彎進一個小巷，那是叫做 mews 的馬廄，以前給馬兒和傭人管家住的矮房，現在是投資客的搶手豪宅；好多好多數不清的微小事物，構成了倫敦，它的某些部分似乎還停在過去的某個時間軸上，某些部分卻又超前進度躍向極具未來感的那一個遠方，這就是倫敦特別的地方。

感謝所有促成這本書誕生的人，謝謝編輯 J.J. 的包容與耐心，謝謝居住在倫敦的所有朋友與我一起探訪這些店家，謝謝遠在台灣的父母、親人、好友們的支持，謝謝時報出版給我這個機會，最後更謝謝倫敦這座特別的城市，帶給我養分與無窮無盡的生活樂趣，即便這麼多年的時間，它帶給我的驚喜與衝擊絕對沒有消減，希望讀完這本書的你，也能從字裡行間和影像中體會。

PREFACE

出發之前

五大區超在地精選去處

東倫敦

倫敦市中心

西倫敦

南倫敦

北倫敦

CONTENTS

出發之前

BEFORE YOUR TRIP

① 機票

直飛班機：中華航空，桃園國際機場飛往倫敦希斯洛機場（LHR）。

② 簽證

台灣人前往英國旅遊免持簽證，可停留 180 天。

③ 時區

英國有所謂的夏令時間制度，每年 3 月的最後一個禮拜至 10 月的最後一個禮拜，比台灣慢 7 個小時。這段期間以外，則是比台灣慢 8 個小時。

夏令　　　冬令

④ 郵遞區號

抵達之前，不需要鉅細靡遺地瞭解每一個行政區，但建議可以稍微熟悉一下郵遞區號。英國的郵遞區號是相當聰明的系統，短短幾個英文及數字的組合，就能夠精準標出地圖上的明確位置。舉凡寄信、搭 Uber、找餐廳、前往住宿地等情況，基本上只要有一組郵遞區號，直接輸入 Google Maps 就可以精確掌握目的地了。大體來說，是開頭的字母代表城市縮寫或地區方位，有兩組編號構成，通常很多戶都會共用一個郵遞區號。舉例來說，今天要前往某個 Airbnb，我只

要知道郵遞區號＋門牌號碼就可以找到了，並不需要記下一長串住址（例如：Flat 2, W9 1ED，即這個郵遞區號位置的門牌號碼 2）。以下是倫敦郵遞區號的邏輯：

E：East（東）
SE：South East（東南）
SW：South West（西南）
W：West（西）
NW：North West（西北）
N：North（北）
WC：West Central（中心西）
EC：East Central（中心東）

⑤ 電壓插頭

英國的插座為 220V，形狀是三個扁平方角插所組成的三孔式插座，請準備轉換插頭。吹風機、離子夾、蒸汽熨斗等電器用品，務必要檢查電壓是否與 220V 相容，免得燒壞。

⑥ 天氣

「天氣」是英國人熱衷的聊天話題，原因就在於它深不可測、難以預料，氣象預報往往與實際天色有落差，所以在英國旅遊請抱著豁達的心情。倫敦的天氣其實沒有大家印象中這麼糟糕，尤其是秋季和晚夏這兩個時節最為迷人，氣溫舒適、少下雨，但是天氣變幻莫測，有可能上一秒晴天，下一秒刮風飄雨下冰雹，建議隨身攜帶雨具或防水風衣。

⑦ 消費支付

建議在台灣先換好應急用的一筆小額英鎊，其餘能盡量刷卡就刷卡。信用卡感應付款（contactless）及行動支付（Apple Pay, Google Pay）在英國非常普及，甚至市集的小攤販也可以接受，就連搭乘倫敦地鐵和公車都不需要額外買票或儲值，直接感應手機的行動支付即可。在疫情的影響之下，許多店家甚至拒收現金了。可以在台灣辦好適合海外交易的信用卡，設定好手機的行動支付，來到英國後絕對是暢行無阻。

⑧ 禮儀問候

Please, Thank you, Sorry：記得當一個有禮貌的旅人，把請、謝謝、對不起常掛嘴邊。有點年紀的老闆或老闆娘時常會稱呼你 "Love"、"Darling"，如果是對男生則會稱呼 "Mate"，這時可以點頭微笑或一聲 Hello 應答。在英國如果被問 "You alright？"，則是 How are you 的意思，若不想多交談，一句簡單的 "Good, thanks" 便是恰到好處的回答了。進出建築物時，英國人會習慣替身後的人稍微把門擋著，這時候你可以微笑說個 Thanks/Cheers 以示禮貌，相反地，你進出大門時也可以做到相同的禮節。

⑨ 用餐須知

倫敦許多餐廳的空間不大、座位也不多，如果想要在週五或週六晚上出去用餐，記得事先訂位。倫敦人的用餐時間大多落在 12:30-15:00/17:30-22:30。服務生通常會先為你點酒水，而不是點吃的，所以坐下來後記得先看飲料菜單，如不需要也可以直接跟服務生說只要水就好。英國多數餐廳的帳單皆含 12% 服務費，已不需再額外給小費。如果收據或菜單上有標示不含 12.5% 服務費，你可以依個人喜好在結帳時多付個幾鎊、或直接選擇刷卡機器上的 % 數，當然不給也不是什麼滔天大罪，以自己最舒服的狀態消費即可。吃完了鹹食，服務生會上前詢問是否需要甜點，另外提供甜食菜單，在英式英文中，甜點有 pudding 及 dessert 兩種說法，所以如果看到或聽到 pudding 這個字，可別誤以為是布丁了。

⑩ 道地 pub 體驗

倫敦曾榮登世界上酒吧密集度最高的城市，走個三五步路就遇到一間英式酒吧 pub 稀鬆平常，一家大小週末一起前往 pub 聚餐、天光尚亮的下午就看到上班族聚集在 pub 外面喝酒也不足為奇，pub 之於英國人，是密不可分的社交場所，許多都有超過一兩百年的歷史，是街頭巷尾的安心存在，鄰里間的活動中心。來到 pub，面對櫃檯一支支酒管（tap）可能有些茫然，若想嘗試後再點單，可以直接跟酒保說：「Could I have a taster of this one before I order?（手指向你想試喝的）」。點單時可以點 half-pint 或 a pint 兩種容量（284 毫升 /568 毫升），他們可能會問你：Do you want to open a tab?（意思是儲存你的信用卡資料，接下來點的酒都用這張卡付款，通常適用於如果你想請一幫朋友喝酒）或 pay as you go?（點一杯付一杯）。

⑪ 水

倫敦的自來水屬於硬水，雖然可以直接喝，但如果你喝不習慣，建議還是去超市買礦泉水，在餐廳如果點水，tap water 是免費的自來水，still water /

sparkling water 則是要付費的礦泉水和氣泡水。如果來了之後發現，洗頭髮質受到影響，建議上網搜尋硬水專用的洗髮精（hard water shampoo），再去連鎖藥妝店 Boots 尋找特定產品。

---

(12) 實用 app 推薦

地圖

 Google Maps

 Citymapper

共享單車租借（多為電動單車）

 Lime

 Santander Cycle

 TIER

 Human Forest

倫敦交通局

 TFL Go

歐洲多國適用火車訂票及時刻

 Trainline

叫車服務

 Uber

 Bolt

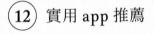 FREENOW

---

(13) 緊急事件處理

英國救護車專線：999｜英國報警專線：999、112｜駐英國台北代表處：020 7881 2650

(14) 住宿

A) Airbnb & 酒店式公寓

倫敦的住宿價格應該是許多人在預算考量上比較頭痛的地方，如果選擇住 bnb 或酒店式公寓（serviced apartment），最大的好處當然是能有廚房可以簡單下廚，只要選對地段、事先瞭解英國房子種類，你也能利用旅行期間，稍稍體驗居住在倫敦的生活。

B) 房子種類及注意事項

倫敦房子可粗略分為百年老房、新式大樓公寓、社會住宅（council flats）三種，前兩者是我比較推薦遊客的。除了透過 Airbnb 房源的照片判斷屋況，也可以根據 Google 地圖街景功能，稍微看一下房源的外觀和所在區域。台灣的 1 樓，在倫敦為 0 樓（ground floor）。因此如果擔心自己搬運行李有困難，記得選擇有電梯的大樓，或是 1 樓以下的公寓。

酒店式公寓連鎖品牌推薦

Locke
https://www.lockeliving.com/en/london

COVE
https://www.staycove.com/en/london

設計旅店推薦

The Pilgrm
https://thepilgrm.com/
↺ Paddington

The Hoxton
https://thehoxton.com/london/
在倫敦有四家分店

The Culpeper
https://www.theculpeper.com/
↺ Aldgate East

Mama Shelter London
https://mamashelter.com/london-shoreditch/
↺ Cambridge Heath

C) 地段選擇

我會建議在挑選住宿前,先讀這本書後面的章節,對於倫敦各區有大概的了解後,你才會知道自己會比較想要多探索哪一區域,或是依照自己的行程,會需要住離機場近?離國王十字車站近?或是離某個車站近?對自己的行程有個雛形後,就可以開始選擇住宿區域,以下分為三大方案來推薦住宿區域,可以根據自己的行程需求做選擇。

plan A 除了玩英國,有意搭乘歐洲之星前往其他國家

King's Cross St. Pancras 附近或沿線臨近車站

---

plan B 除了玩倫敦,有意前往英國其他都市或歐洲其他國家

前往劍橋、英格蘭中北部、蘇格蘭愛丁堡:King's Cross St. Pancras

前往劍橋、搭乘廉價航空的 Stansted Airport 機場:Liverpool Street

前往牛津、巴斯:Marylebone、Paddington

---

plan C 全程待在倫敦,好好探索這座城市

● 降落於希斯洛機場(Heathrow Airport)

前往 Paddington 車站:

Heathrow Express 機場快線 15 分鐘從機場直達,如果提前 70 天網路購票,單程最低價可達£5,原價則為£16-25。

Piccadilly Line 沿線：
搭乘一般地鐵從機場直達倫敦市中心約 1 小時，單程票價 £5.50。
Elizabeth Line 沿線：
搭乘 2022 年全新通車的火車從機場直達市中心約 35 分鐘，單程票價 £12.80。

● 降落於蓋威克機場（Gatwick Airport）
從機場搭乘不同類型的火車可直達倫敦市中心不同的車站，以下列出幾個較大的站點：

Victoria
搭乘機場快線 Gatwick Express 直達，因此也可選擇此站所在的 Victoria Line 、District/Circle Line 西側沿線住宿。

London Bridge
搭乘 Thameslink 火車直達，此站雖然作為交通大樞紐，但住宿選擇比較參差不齊，建議可以下車後轉搭 Uber 前往過一座橋的 Tower Hill 或是 Aldgate 區域。

London Blackfriars
搭乘 Thameslink 火車直達，這站環境清幽、緊鄰河岸。

Farringdon
搭乘 Thameslink 火車直達，此站緊鄰市中心及商業辦公區，環境宜人且鮮少觀光客，車站可前往歐洲廉價航空停靠的 Luton 機場。

King's Cross St. Pancras
搭乘 Thameslink 火車直達，車站周圍的治安較差，建議可以往外延伸住在 Islington 、Russel Square 、Angel 、Great Portland Street 。

如果你個人並不是特別在意交通便利性，以下區域為倫敦環境優美又富有在地氣息的傳統住宅區，若有適合的房源也很推薦體驗看看： Bayswater/Queensway 、Mornington Crescent 、Maida Vale/Warwick Avenue 、Fulham/West Brompton 、De Beauvoir Town/Dalston 、West Hampstead/Finchley Road 、Belsize Park/Hampstead

(15) 交通

A) 地鐵

倫敦大眾交通網絡包含地鐵（Underground）、地上鐵（Overground）、河岸輕軌（DLR）以及南邊的路面電車（Tram），由中心往外以同心圓劃分，總共有 1 到 9 區（zone 1-9），票價依距離和不同車種而訂，但大部分旅遊的景點都位於 1、2 區之內，如果不是特別精打細算的旅人，建議直接購買地鐵卡 Oyster Card 儲值直接上路即可。如果你的台灣信用卡有較高的海外回饋，也可以直接使用信用卡或綁定手機支付感應地鐵閘門。

以下為針對 zone1-2 的各類票種費用說明（2023/3）：
尖峰時刻（peak time）單程：£3.40 Mon - Fri 06:30 - 09:30/16:00 - 19:00
離峰時刻（off - peak）單程：£2.80

Oyster Card

☞ 如果使用同一張地鐵卡或信用卡，單日扣款上限為£8.10，這是倫敦地鐵非常著名的 daily cap 系統。

地鐵
Underground

如果是 zone1 - 4，可以參考下列的優惠票券地
鐵 7 日票（7 Day Travelcard）：£40.70
地鐵月票（Monthly Travelcard）：£156.30

地上鐵
Overground

☞ 詳細計算方法和最新票價可至地鐵局網站查詢 https://tfl.gov.uk/fares/

河岸輕軌
DLR

路面電車
Tram

B) 公車

想省錢的朋友，可以多多利用公車，單趟只要£1.75，1 個小時內可不限次數搭乘，地鐵卡 Oyster Card 及信用卡或行動支付皆適用。

01 每一個景點或是店家，附上了一些基本資訊，但是，近年來疫情的影響，隨時都有可能變化，出發前還是自己上網再確認一下比較好，輸入店家名稱或是本書提供的社群平台都可以找得到相應的資訊。

02 景點或是店家的平均消費，提供消費的基本參考，實際花費還是需要視每個人點的餐或是使用的服務而定。

預算 (人均消費) 示意說明

●○○ ：£5-20

●●○ ：£20-40

●●● ：£40-70

03 這本書裡推薦的餐廳，有些比較不適合一個人前往用餐，兩人以上成行的話，在點餐上會比較順利，也能吃得盡興。因此，特別將適合一個人也可以毫無壓力造訪的餐廳標示出來方便參考，請見下列圖示。

S ：一個人也可以輕鬆踏入點餐的餐廳

S L ：午餐時段，適合一個人用餐的餐廳

五大區超在地精選去處

A LOCAL'S GUIDE TO LONDON

OZONE COFFEE ROASTERS

COFF

東倫敦

East London

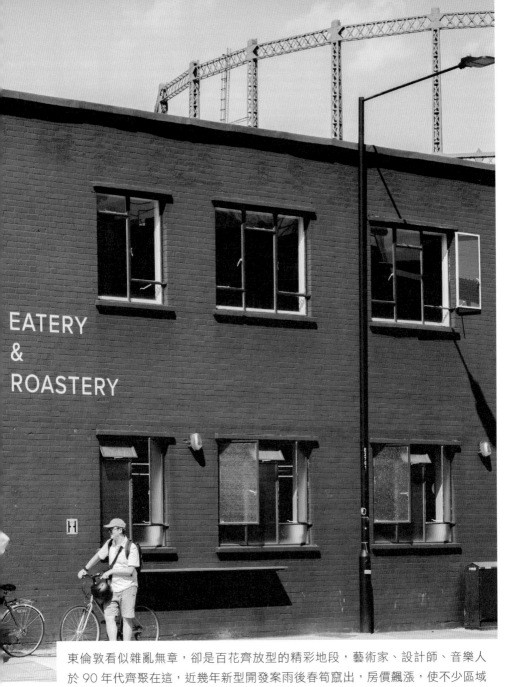

東倫敦看似雜亂無章，卻是百花齊放型的精彩地段，藝術家、設計師、音樂人於 90 年代齊聚在這，近幾年新型開發案雨後春筍竄出，房價飆漲，使不少區域成為獨立店舖及精緻餐酒館進駐的目標，結合該地區既有的草根小店、南亞咖哩館、市集和夜店酒吧，這是熱愛繽紛生活的你不容錯過的玩樂天堂。

PART 1

Bethnal Green, Cambridge Heath & Hoxton

Bethnal Green, Cambridge Heath & Hoxton

E.Pellicci

動作俐落的一家人忙進忙出，外場做
飲料，內場的大鐵板上滋滋作響煎上
一整排培根、蛋、香腸，彼此是兄弟
姐妹的店員掌握好默契，一邊呼嘯喊
單、一邊與熟客聊天，目前的第三代
店主 Nevio 在忙碌的節奏尋找空隙，
跟你哈啦兩句：「台灣人嗎？我們之
前也有遇過不少台灣客人呢！很高
興又多認識了一個哈。」鼎沸嘈雜交
雜著碗盤鍋氣在空氣中作用的聲響，
小小的座位區把大家之間的距離給擠
成一塊，或許在疫情期間看了有點緊
張，但在毫無病疫的時代肯定是街巷
鄰居培養好感情的催化劑，而倫敦已
經很少有這麼充滿人情氣息的小店
了。義大利移民家庭 Pellicci 在 1900
年接管了這間餐館，自始至終賣的是
傳統早餐和義大利家常菜，英式早餐
（full english）、千層麵、炸雞三明
治、肉醬麵、提拉米蘇、gelato 冰淇
淋等等，超大分量的重口味（朋友戲
稱是宿醉美食）適合與三五好友一起
分食，如果你想嘗試最傳統的英式早
餐又想吃得飽飽的，來這裡準沒錯。
只收現金，週末至少要排隊 20 分鐘
以上。

332 Bethnal Green Road, London E2 0AG
⊖ Bethnal Green
020 7739 4873

@ pelliccicafe
£ ●○○

Recommendations

01 *Classic Set* 英式早餐
02 *Hand Breaded Chicken Escalope in
    Ciabatta* 炸雞巧巴達三明治

Ozone Coffee Roasters

大面積倉庫改建而成的餐廳配上藻綠色外表，大片大片的陽光照進用餐區，一格格的多人座位區讓人舒服地不想離開，明亮氛圍映照出溫柔的木質地裝潢，森林綠座椅呼應了餐廳外牆。除了品質好的手沖咖啡，這裡的鹹食菜單將經典的英式菜系注入異國風情，搭配各種以咖啡為基底的飲料或調酒，味蕾上特別舒服，週末大半下午的時光就這麼消磨度過，再乘著夕陽沿著運河散步，享受寧靜的東倫敦風光。

Recommendations

01　*Eggs Benedict on bubble 'n' squeak cakes w Hollandaise* 班尼迪克蛋與高麗菜煎馬鈴薯佐荷蘭醬

02　*Smoked fish kedgeree w poached egg, labneh, chimichurri & fried onions* 英式燻魚飯佐水波蛋和優格起司

Emma Street, London E2 9AP

⊖ Cambridge Heath

020 7490 1039

☞另有 Old Street 分店

@ ozonecoffeeuk

£ ●●○

03 | 怪奇雜貨店

Hoxton Monsters Supplies

一間為「怪獸」服務的店：酥烤骨頭塊、夜晚汗水、不安之感、全面恐慌、殭屍薄荷糖、衝擊耳垢、內臟果醬、人魚之耳，狹窄瘦長的店舖堆滿了品名奇異的糖果零嘴和有趣文具，只有 4 坪不到的空間卻塞滿了一個偌大萬千的世界。在這堵陳列著怪妙商品的背後，是一個教導在地孩子的慈善寫作坊，這 11 年來成為這些年齡橫跨 8 到 18 歲當地學生最期待的課後活動。第一次踏進店裡時還不太清楚店內的主題設定，被店員完整的人設給嚇了一跳，她劈頭問我：「你是人類還是怪獸？」這些孩子都有許多未完成的故事，他們有很多話想說，這個工作坊教他們寫新詩、散文或小說，讓弱勢出身不成為接觸多元學習的阻礙。而客人在店內購買的每一件商品，更是資助他們續寫故事的來源及養分。

159 Hoxton Street, London N1 6PJ
⊖ Hoxton
020 7729 4159

monstersupplies.org

Broadway Market

喜歡 Broadway Market，在於它的歷史、它的純粹、以及這一條街上的許多好店。南有運河、北有 London Fields 公園，根據官網的記載，這個區域早在西元前 1000 年是運送食材和貨物的主要幹道，如今仍是東倫敦人週末消遣的好去處。從 Haggerston 站附近的運河沿岸一路往東走，可以感受有別於繁忙大街的清新氛圍，途中還可以看見矗立在河邊的老煤氣罐遺址，穿過水上風景後一路漫步回到街上，開始探索市集裡的小農及異國美食攤販，街道兩側的餐廳及風格小店琳琅滿目，專賣藝術和攝影書籍的 Donlon Books、自烘咖啡店 Climpson & Sons、藝術設計選書優秀的 Artwords Bookshop、倫敦的烏龍麵名店 Koya、以及香港咖啡品牌 Arabica %，短短一條街可以花 20 分鐘走完，也可以用一個下午好好感受當地居民的週末生活感。

⊖ London Fields

Artwords Bookshop

Koya

05 | 星期天的花市

Columbia Road
Flower Market

星期天從 Bethnal Green 站或 Hoxton 站往花市行走，大約下午 2 點是最好的時間，你會在路上看見許多抱著小樹、捧著大花的人潮，臉上露著滿心喜悅的笑容離開往地鐵站走。每到星期天，這一條小街上聚集著來自各地的花農，最具倫敦代表性的 cockney 腔叫賣聲此起彼落，在狹小的通道裡眼睛睜大、耳朵豎直，才撿得到好貨。身為遊客無法扛走美麗盆栽，不

要緊，道路兩旁的獨立小店是更迷人的存在。咖啡廳、烘焙坊、園藝店以及各式目不暇給的選物店各據一方天地，我特別喜愛現炸花枝蝦仁的街邊小店、販賣越南和柬埔寨環保餐具的 NOM LIVING、超適合挑選朋友生日禮物的 Harry Brand、品味極佳的老奶奶所一手包辦的 EPITOME、市集盡頭的西班牙餐廳 Laxeiro，以及更多值得你自己探索發掘的風格店舖。

⊖ Hoxton

Bethnal Green, Cambridge Heath & Hoxton

Pho Mile

又是一個展現倫敦多元臉孔的可愛社區：河粉街。吸納了眾多早期的越南移民，Hackney 區的 Kingsland Road 布滿了大大小小的越式餐廳，有的主打牛肉湯河粉、有的擅長燒烤豬肉乾拌米線、有的則以越式法包聞名。名氣最響亮的 Sông Quê Café 是包山包海的大型餐廳，味道平均值，屬於安全牌。BunBunBun 的香茅烤豬涼拌米線很不錯，但可惜湯河粉十分乏味；Nom Nom 的各種河粉、米線和炒菜都在水準之上而且價格漂亮，是想精打細算的好選擇。稍微偏離這條大道的 Cay Tre 屬於較為精緻的路線，湯頭極好，復古越式海報和竹木內裝構成了很舒服的氣氛，河粉裡的牛肉香腴滑嫩，炸春卷裡特選豬肩胛肉製成內餡，其中一款 Saigon Pho 更是像極了越南版本的紅燒牛肉麵。

£ ●○○

Sông Quê Café
134 Kingsland Road, London E2 8DY
020 7613 3222
@ songquecafe

BunBunBun
134B Kingsland Road, London E2 8DY
020 7729 9500
@ bunldn

Nom Nom
134 F-G, Kingsland Road, London E2 8DY
020 7729 8344

Cay Tre
301 Old Street, London EC1V 9LA
⊖ Old Street
020 7729 8662
@ caytrerestaurant

⊖ Hoxton

Bethnal Green, Cambridge Heath & Hoxton

Cave Cuvée

疫情期間不少倫敦的餐廳化危機為轉機，做起外送生意和在家加熱的全套餐料理包，因此在封城結束後，美食光景反而更加蓬勃了起來，Cave Cuvée 絕對是閃閃發亮的那顆星之一。從北倫敦的餐酒館 Top Cuvée 被迫暫時停業那刻起，團隊腦筋轉得很快，馬上架網站做起紅白酒外送生意，後來更推出了月付訂閱服務，最後更在東倫敦找了個店面，1 樓擺起琳琅滿目的 natural wine 選品，地下室則是小巧可愛的酒館座位區。這幾年歐陸復甦的 natural wine 風潮西進吹來了倫敦，標榜「自然葡萄酒」的酒館、專賣店四處林立。自然葡萄酒，簡單來說就是從葡萄栽種、釀造到裝瓶都盡量減少干預，與傳統大酒莊的工業化標準製造不太一樣，因此自然酒每一批的風味都會有所不同，因為少了過濾步驟，還可能會喝到葡萄渣。自然酒的口感風情跳躍不定，可以說是充滿驚喜及原始純粹，也可以說品質相對不穩定。也因為如此，引進自然葡萄酒並非易事，品質的把關且有能力經常飛去歐洲各地小型莊園探尋試喝，是經營者必須做足的功課。Cave Cuvée 這個名字取得真貼切，兩個詞都來自法文，cave 指的是存放釀酒木桶的地下酒窖（如洞穴般），cuvée 則是大桶或大酒槽的意思。在坪數不大的地下酒館裡，蘊藏歐洲各地自然葡萄酒的酸氣、甜香和發酵風味，是東倫敦另一個喝酒聚餐的好去處。菜單上的品項不多，但每道下酒菜都很新鮮，處理得也很好，沒有因為專長在於酒就忽略了廚房品管。Cave Cuvée 就像是一群懂吃懂喝懂音樂的大男孩，邀請你去他們家做客的舒服餐館，不懂酒沒關係，他們會根據當天菜單搭配不同支酒為你推薦，你只要說得出自己喜歡偏乾澀、偏果香、偏甜等之類的口感，其他的就交給他們將珀色黃澄的酒倒入杯中就好，好好享受一個傍晚的微醺酌飲。最推薦近年倫敦火紅的自然葡萄酒 Chin Chin Vinho Verde，是另一家餐酒館 Noble Rot 與葡萄牙北部酒莊合作的平價白酒，味道偏乾澀但超級順口，香醇中帶一點點水果酸氣。

250A Bethnal Green Road, London E2 0AA
⊖ Bethnal Green
020 7704 8457

@ topcuvee
£ ●●○

PART 2

Whitechapel & Spitalfields

質感選物店

Article.

雖然比較常在 Article. 的網站購物，但只要有剛好經過這裡，我都會特地進去逛一圈。東倫敦的創始店剛好在 Spitalfields Market 附近，1 樓與地下 1 樓陳列了英國本土和歐洲各地的優質品項，法國球鞋 Veja、丹麥居家設計品牌 HAY、英國男裝 Folk 和 Universal Works 等等，雖然倫敦不少的選物店都會進這些品牌的物件，但 Article. 就是有不同於其他人的眼光，挑得到好貨、進得了很難找的款式，從客服到店員都親切友善，每年數次的打折季更是撿便宜犒賞自己的好時機。

150a Commercial Street, London E1 6NU
⊖ Shoreditch High Street
020 7377 8558

@ article_london

旁遮普家庭餐館

Tayyabs

如果預算有限、又不確定自己會不會喜歡南亞風味，這裡會是個不錯的入門點。當然倫敦不乏裝潢講究又新潮美味的印度餐酒館，不過東倫敦紅磚巷和白教堂區一帶，才是第一批開拓南亞菜系光景的移民家庭。鐵板聲滋滋作響，就連牆壁上的華麗壁紙和裝飾都繽紛地鬧哄哄，我喜歡點一盤烤羊排（mutton chops）、一盅香米飯、一份巴基斯坦咖哩 karahi，心情好的話再點杯芒果酸奶作結，三五好友當然可以點滿桌子菜一起分享。哦對了，這裡沒有執照販賣酒水，所以來到這裡就是大口吃肉、手撕饢（naan）沾著濃郁咖哩，油膩膩的手，飽腹腹的肚。

83-89 Fieldgate Street, London E1 1JU
⊖ Whitechapel
020 7247 9543

@ 1tayyabs
£ ●○○

米其林一星的海鮮碳烤餐廳

Brat

「海鮮碳烤」對台灣人或許不陌生，但對傳統英國菜系來說，海鮮的烹調方式並不是如此多元，因此當 Brat 將西班牙巴斯克的海味燒烤帶到倫敦時，便引起滔天巨浪，不僅開了兩家分店，更摘下米其林一星。來到這般獨特的海鮮餐廳，最讓人感到新奇的便是可以嚐到我們在太平洋那端少見的品種：多利魚（John Dory）、多寶魚（turbot）、小頭油鰈（lemon sole）、大比目魚（halibut）、鰈魚（plaice）、龍利魚（dover sole）等等，一整尾直接上烤網，十分考驗廚師掌控火候的能力，雪白肉質用湯匙輕輕一撥，沒有過多調味，直接品嘗食材本身的單純，再點個幾道蔬食或肉類小菜，搭配餐廳推薦的白酒，最後是巴斯克起司蛋糕做結尾，海陸雙棲的美味體驗。

4 Redchurch Street, London E1 6JL
⊖ Shoreditch High Street

@ bratrestaurant
£ ●●●

11 | Ⓢ 　　　　　義式美食百貨

Eataly

發跡於米蘭的大型美食百貨，以品質優良的義大利食材著稱。如果你平時也喜歡看 Jamie Oliver 的食譜影片，一定對他的義大利廚師朋友 Gennaro 不陌生，熱情聲響溢出 YouTube 小框框，我腦中好多基本的義大利麵烹調和食材知識都是由這位老爺爺領門。英國超市不乏各種款式的義大利麵、起司和肉品，但若想取得最道地又價格合理的義大利食材，Eataly 絕對是首選。從乾貨、肉類、起司、酒、新鮮麵包和甜點，任何

義式風味應有盡有，餓了的話還可以在附設餐廳 Pasta e Pizza 享受披薩和義大利麵，1 樓門口的 gelato 義式冰淇淋風味濃郁又分量大方、麵包區的番茄佛卡夏鬆軟好吃。喜歡義大利帕瑪火腿或肉腸（salami）的朋友，請一定要前往肉舖區跟店員聊天，專業又友善的他們會推薦你近期進的好貨，現場切給你試吃，喜歡就帶一些，晚上配酒就是一場完美的旅行宵夜。

135 Bishopsgate, London EC2M 3YD
⊖ Liverpool Street
020 4538 0271

@ eatalylondon
£ ●●○

| 選題有趣的藝廊

Whitechapel Gallery

東倫敦代表性的百年藝術空間,最廣為人知的創舉便是畢卡索、芙烈達等許多知名國際畫家來到英國都以它為起點舉辦個展,近幾年也在前總監 Iwona Blazwick 的帶領下深掘那些被隱蔽在主流藝術史中的題材。過去的幾個展都相當精彩,女性主義團體 Guerilla Girls、北歐雙人組合 Elmgreen & Dragset 的泳池裝置、探索 80 位全球藝術家工作室樣貌的 A Century of the Artist's Studio 等等。藝廊內的書店藏有不少其他美術館紀念品區少有的書籍,在選書上別有用心。逛累了,可以到一旁的知名餐廳 Townsend 休息,餐點好吃、咖啡好喝,空間宜人。

77-82 Whitechapel High Street, London E1 7QX
⊖ Aldgate East
020 7522 7888
@ whitechapelgallery

Townsend
020 7522 7896
@ townsend_restaurant
£ ●●●

13 | Ⓢ Ⓛ 人氣泰菜餐廳

Som Saa

我第一次聽到「Som Saa」（源自泰國一種柑橘類水果），是從曼谷朋友口中得來的，她隨口說出了幾家她跟朋友們常去的地方，另外也奉上了這個可愛的名字。第一次去吃了後，驚為天人，特別是當年才剛從曼谷旅遊回來，對於酸辣鹹香的口味記憶猶新，可以吃得出來，這家餐廳有下工夫。老闆兼創始人之一的 Tom George 對泰菜充滿熱忱，餐廳內所僱用的主廚師承西方料理界的泰菜霸主 David Thompson。許多出現在 Netflix 上的曼谷名廚也與 Som Saa 頗有淵源。餐廳每一到兩週就會更新菜單，食材大多取自英國，香料與做法卻引進泰國各個省份的特色，是這幾年倫敦名聲響亮的泰菜餐廳，當然經常高朋滿座，建議提前訂位。

Recommendations
01 *Sai ua* 泰北香腸
02 *nahm dtok pla thort* 泰北炸鱸魚

43A Commercial Street, London E1 6BD
⊖ Aldgate East
020 7324 7790

@ somsaa_london
£ ●●○

Libreria Bookshop

Potter & Reid

Libreria Bookshop

嚴禁手機和 Wi-Fi 的書店。四面八方布滿明亮黃色的書櫃，仔細一看天花板是鏡子，反射著客人們走動、閱讀的模樣，讓小小的空間顯得無盡無窮。有趣的是，書店創辦人曾是英國政府的數位政策顧問，總監是前金融時報數位編輯，科技成癮的背景卻開闢一片「零科技」的閱讀沃土，店內掛著幾幅標語，店員也會善意提醒：「請將手機等電子產品收起來」。安心沉醉於字海之間，這是紙本書愛好者的天堂。

65 Hanbury Street, London E1 5JL
⊖ Shoreditch High Street

@ librerialondon

Potter & Reid

白天賣早午餐和咖啡，晚上供應自然酒和鹹食，這樣組合的餐酒館在倫敦越來越多見了，這裡是一踏進門就讓人感到舒服自在的漂亮小店。天藍色門面在一整排紅磚屋中十分顯眼，店內櫃檯旁的黑板寫著當日供應的酒水和輕食，咖啡種類也不遑多讓。看似簡單的培根三明治 BLT，價格有點高，猶豫之下還是決定嘗試。上桌時已切開剖半，紙袋包覆、香氣頻頻竄出，甚好的酸種麵包塗過奶油後烤得外酥內軟，氣味柔和的熊蔥（wild garlic）與自製的濃郁美乃滋一同把培根的鹹香給帶了出來，生菜和番茄也都很新鮮清爽，整體還真的是一枚不錯的三明治。

20-22 Toynbee Street, London E1 7NE
⊖ Aldgate East

@ potterandreid
£ ●○○

PART 3

Old Street & Shoreditch

Origin Coffee Roasters

65 Charlotte Road, London EC2A 3PE
⊖ Old Street
020 7729 6252
☞另有多家分店

@ origincoffeeroasters

冰釀咖啡首選品牌

Origin 的冰釀咖啡大概是我在倫敦喝過最好喝的，不同於許多冰釀可能會過酸，這裡的 cold brew 竟然帶著類似於淡水阿婆酸梅湯的特殊香氣，清新醇芳，呈現出果香氣韻。店內有一面牆會不定期換上各個藝術家的壁畫創作，偶爾也會舉辦不同的展覽或聯名合作，特別感謝從台灣遠道飛來辦插畫活動的 WHOSMiNG 推薦，很榮幸參與到這個有趣的跨界合作，也讓我認識這個充滿藝術活力的咖啡品牌。

Pizza Pilgrims

136 Shoreditch High Street, London E1 6JE
⊖ Shoreditch High Street
020 3019 7620
☞另有多家分店

17 | ⑤ 南義披薩專賣店

價格公道又好吃的連鎖披薩館,數家分店林立於英國各處,來自拿坡里的義大利同事特別認證,是想吃南義披薩口味的安全牌。以前這一間分店的牆外畫滿了法國塗鴉藝術家 Thierry Noir 作品,配上綠色背景十分討喜。現在雖然沒有了,如果走在 Shoreditch 巷弄間,還是有可能撞見 Thierry 趣味的塗鴉。

@ pizzapilgrims
£ ●○○

復古潮流居家選物店

Labour and Wait

來到店前映入眼簾的是亮澤的綠色磁磚外表，這間由酒吧改建的居家選物店正引領東倫敦的極簡實用主義風尚。創辦人 Rachel 和 Simon 有感於時尚產業的快速更迭，因此決定傳遞 Labour and Wait 的精神：付出努力，然後等待。走進店裡，總是會讓自己暫時忘卻時代分界，既復古又新潮的選物和店內裝潢，店員態度親切卻又給予客人自己的空間滿滿閒逛。約莫 7 坪空間處處布滿老闆們的獨到品味。鍋碗瓢盆、精緻餐具、烘焙器具、服飾包包、居家清潔、護膚用品、文具小物等等，各種品項種類繁多、卻不至於讓人頭暈目眩，反而店內瀰漫著一股「參觀一個有品味朋友家裡」的獨特氣息。總是讓人駐足不離，想仔細探尋店內每個角落，不願放過任何細節，最後心滿意足地帶上幾個紀念品，這是屬於倫敦人對生活細膩不馬虎的日常態度。

85 Redchurch Street, London E2 7DJ
⊖ Shoreditch High Street
020 7729 6253
☞另有 Marylebone 分店

@ labourandwait

生活風格服飾店

Goodhood

「為了獨立靈魂而選的物件」是創店標語。男裝、女裝、保養品、香水、皮件、居家用品等，囊括質感生活的每一個要素，從世界各地蒐羅大大小小的品牌，1 樓＋地下室的空間讓人逛得盡興。木紋架上的 Studio Arhoj 淘氣鬼瓷器擺飾特別吸睛，也算是店內的常駐人氣商品，台灣比較少見的歐洲品牌也非常值得探索：Escentric Molecules 香水、Clarks Originals 聯名款、HAY 丹麥家居、Menu 丹麥燈具、S.W.C Stepney Workers Club 東倫敦帆布鞋品牌、Norse Projects 北歐服飾品牌、以及 Vans、Nike、Converse 這些經典品牌的特別鞋款。琳琅滿目的商品確實讓人看了眼花繚亂，不如也可以跟店員們聊聊天，或許會有意想不到的收穫。（有一次我騎著腳踏車過去正好將車子停在門口，店員見狀趕緊出來跟我說這裡小偷猖狂，要我牽進店裡，他替我顧車，身為老主顧的我又再次對這間店加分不少。）

151 Curtain Road, London EC2A 3QL
⊖ Old Street
020 7729 3600

@ goodhood

Leroy

有一群幾年前摘下米其林一星的廚師，毅然決然關店，找了新地點再起新爐灶，沒想到又輕輕鬆鬆再奪星星。他們前身是 Ellroy，幾個字母重新組合後，創意化為 Leroy。在紛紛雜雜的東倫敦，彎進 Phipp Street 小巷，是一種讓人驚訝的寧靜氛圍，紅色霓虹燈手寫字 leroy，配著背景磚牆，老木大門敞開，是笑臉迎人的廚師和服務生。光潔透亮的空間讓人馬上放鬆下來，完全沒有大獎光環的傲氣。木椅紅座

墊，搭配簡約木桌，開放式廚房透出廚師們的好默契，吧台後是一整櫃精彩的黑膠唱片，底下的播放器流瀉出老闆的音樂好品味。無論是跟三五好友週末午後小酌幾杯、一起單點幾道小菜共食，或是安排一頓慎重的晚間約會，Leroy 都很適合。午間套餐被譽為是倫敦最划算的米其林料理，也可以選擇單點。前菜點了無花果、莫扎瑞拉起司、義大利聖丹尼爾火腿（figs, mozzarella di buffala, proscuitto di San Daniele）簡簡單單的食材組合，最吃得出各個元素的原味和品質，新鮮爽口，非常好吃。我很喜歡吃法式凍派（terrine），所以這天試了雞肝和豬

油的版本，配上酸黃瓜、damson 果凍，一邊塗上烤得酥脆的麵包，鹹香酸甜、又柔又脆，有些人可能會嫌太油膩了，但我自己很喜歡這種味道，也是我去類似這樣的酒館都會點的料理，尤其特別下酒，同時也吃得出廚師的功力，好吃的版本絕對要不腥不臭，反而有很迷人的油脂香。這天最讓我驚艷的反而不是湖區鹿排主菜，而是同行朋友好奇點的菠菜千層麵（roasted ceps, spinach lasange and parmesan cream）。從開放式廚房看進去，廚師現做千層麵皮，配上香氣破表的烤牛肝菌菇，以及意外順口不膩的帕瑪森奶，每一種元素都相輔相成，結合得恰到好處。整體來說，我會覺得 leroy 小菜的表現比大菜好，所以價錢高不一定就特別驚艷，反而多點幾道 starter 類的菜一起分享，一邊喝酒聊天，是個滿不錯的聚餐體驗。甜點選了燉洋梨、酥皮和榛果奶油（poached pear, puff pastry, hazelnut cream）甜度適中，口感很好，即便在肚子九分飽的情況下，還是一口接一口吃完，完美句點。Leroy 還有一點值得讚賞：他們的菜單價錢已經包含服務費，對客人對員工都是比較有道德的新理念。用心做好每一道精緻小盤，酒單種類繁多，服務生親切又知識豐富，面對我們平常不熟的食材，他們也會用心講解說明，是個裡裡外外都很謙卑卻

18 Phipp Street, London EC2A 4NU
⊖ Shoreditch Hight Street
020 7739 4443

@ leroyshoreditch
£ ●●●

自信的餐廳。改天想稍微吃好一點，到了東倫敦，記得隨著黑膠唱盤和酒杯哐啷的聲響，踏進 leroy 啊！

PART 4

Hackney & Dalston

A Bar with Shapes for a Name

232 Kingsland Road, Whitmore Estate,
London E2 8AX
⊖ Haggerston

@ a_bar_with_shapes_for_a_name_
£ ●●○

讓建築設計迷癡狂的調酒秘境，把德國包浩斯藝術發揮得淋漓盡致。走入酒吧，會誤以為闖入什麼 70 年代建築家的漂亮廚房，簡單的胡桃木長台配上經典的包浩斯 Cesca 椅子，店內盡頭的區域被稱之為「教室」，極簡風傢俱和擺設的組合，加上晚間登場的包浩斯藝術幻燈片投影，搖晃的酒杯內連冰塊都有小心機，這一晚我們都是耳酣微醺的設計系學生。

Pophams
Bakery

197 Richmond Road, London E8 3NJ
⊖ London Fields
020 8525 1416
☞另有多家分店

@ pophamsbakery

£ ●○○

法式派塔糕餅烤得好，義大利麵餐點也是一流。不是要特別吸引遊客的鬧區小店，反而是深入在地社區的腳踏實地型，可頌、蝸牛卷麵包（escargot）等經典做得極好，另外也創新地加入不同風味的食材，招牌之一就是楓糖培根（maple & bacon）口味，以及吃過一次就愛上的草莓起司酥皮，點杯咖啡、一盤精緻的麵包，陽光明媚的下午坐上一陣，是在觀光熱區感受不到的愜意。

Hackney & Dalston

Oren

Dalston 區域暗藏了不少有趣的餐廳和店家，大多集中在 overground 車站附近以及主要道路 Kingsland Road，而 Oren 開在稍微偏離鬧區的寧靜小路上，真是個一不小心就會錯過的優秀餐酒館。菜單隨著季節時令會不定期更新，不過大部分的料理都是在鐵板或炭火上烘烤製成，直火高溫的俐落手法，的確很有地中海瀟灑的態度。來自以色列的主廚 Oded 帶入家鄉味，同時借用不少希臘及中東各國的元素，使用的食材以海鮮及內臟居多，完全深得我心，相信也很能抓住許多臺灣人的胃，尤其是內臟及牛羊肉的醇厚風味，十足感受得到廚師處理繁複食材的功力。低調的門面加上優雅簡單的室內裝潢，坪數不大的空間並不能容下太多人，有不少勇敢的迷途食客走進來碰碰運氣，當然是收到一句「不好意思今天客滿了」敗興走出去。主廚人極為親切，看到我認真地幫他們拍照，還額外招待我們小菜，真是受寵若驚。我過去站在出菜口旁邊跟他道謝，他烤完手邊最後一份羊肉後也走過來跟我聊天。2019 年底開幕，2020 年就遇上疫情，我本來以為他會抱怨吐苦水，沒想到他很樂觀地說，很開心看到英國餐飲業逐漸開放，滿滿重現生機，他相信餐廳的生意一定會蒸蒸日上的。推薦幾道菜單上的常駐招牌，就我觀察應該是不怎麼會被換掉，如果有機會請一定要試試。

Recommendations

01 *Stone-baked flatbread, tomato, olive oil*
窯烤餅、番茄、橄欖油
來到中東餐廳，這不能不點吧？餅皮真香，搭配的番茄、橄欖油和鷹嘴豆泥都好吃得沒話說，吃得出每一種食材的新鮮度。

02 *Jerusalem Mix Grill*
耶路撒冷綜合烤物皮塔餅
內臟狂看到聞到一定會尖叫流口水，麵香四溢的現烤皮塔口袋內塞著滿滿餡料：鴨心、雞肝、雞腿、羊胸腺等等，芒果酸甜醬平衡了整體的重口味，讓人一口接一口停不下來。

03 *Grilled lamb sweetbreads, za'atar, lemon*
串烤小羊胸腺佐薩塔香料
重鹹卻清香的薩塔包覆著小羊胸腺，有串燒碳烤的迷人香氣、內臟的豐醇底蘊，最後擠上檸檬汁的去膩解油。

89 Shacklewell Lane, London E8 2EB
⊖ Dalston Kingsland
020 7916 6114

@ orenlondon
£ ●●○

Jolene

Jolene 在倫敦有三家，以三明治為主打的店就在東倫敦紅教堂街，焦橙色的轉角店舖十分吸睛，好幾次我在打烊時間剛好遇到他們用很便宜的價格賣出好吃的佛卡夏三明治。餐酒館本店則位於北倫敦，義大利麵和甜點是他們的拿手菜，融合英國時令蔬菜和食材，創造出精緻優雅的菜色。那天吃到的 Paccheri 寬管麵質地很好，淡菜一顆顆肥美鮮腴、烹煮地恰到好處；義大利東北山區名菜 canderli 吃起來有種獅子頭的邏輯，由史貝克煙燻火腿（speck）、馬鈴薯和麵粉做成的丸子，搭配雞湯湯底和羽衣甘藍，是一道讓人心平氣和的恬雅湯品。從前菜酸種麵包、炸得酥脆的紅鯔魚（red mullet）以及服務生搭配的白酒、一直到飯後甜品，久玲（擅自給人家取中文名？）端出來的菜色一道道精彩，讓人在濕冷的秋令午後，仍然倍感溫暖。

21 Newington Green, Mayville Estate, London N16 9PU

⊖ Dalston Kingsland

@ jolene_newingtongreen

£ ●●○

倫敦市中心

Central London

倫敦中心區域範圍相當廣泛，有觀光客人潮洶湧的攝政街、牛津街、以及大笨鐘一帶，也有位於東倫敦交界、早起因雜誌報業興盛的 Clerkenwell、Soho 是劇院、夜店、酒吧和百貨林立的潮流地帶，一旁的 Fitzrovia 散發截然不同的優雅風韻，Mayfair 是上流精品的集散地，從咖啡、餐廳到市集都獨樹一格。

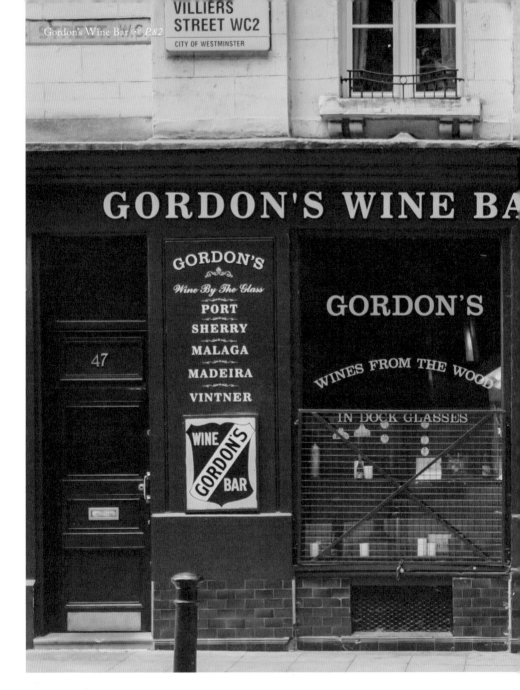

Gordon's Wine Bar → *P.82*

PART 1

Covent Garden & Strand

Choosing Keeping

Somerset House

Choosing Keeping

暖棕色牆面、大理石紋理招牌、搭配燙金店名字樣，尤其選用經典的 Linotype Didot 字體，可以感受到店主的用心（這個字體在 18 世紀廣泛見於印刷品上，是精心挑選的招牌字體）。走入店裡，裝潢上保留老建築原有的磚瓦牆面，搭配圓錐型吊燈，垂掛於直立木架上的各式包裝紙，日本和紙占了大宗，手帳、筆記本、日記、原子筆、鋼筆等散布於店內各處。店主是英國人，在法國和東京長大，英法日三者極具重視文具用品的文化集結在此，在人流不息的柯芬園區成為回望老時代的那種靜謐存在。

21 Tower Street, London WC2H 9NS
⊖ Covent Garden
020 7613 3842

@ choosingkeeping

Somerset House

薩默塞特府（Somerset House）每一季都有不同的精彩亮點。冬天是大型溜冰場，夏天有倫敦設計雙年展（London Design Biennale），5 月有倫敦攝影季（Photo London）。即便沒有活動，也很值得特地來欣賞這座特別的建築，走進考陶爾德美術館（The Courtauld Gallery），到 WatchHouse 點一杯咖啡在廣場上悠閒散步。

Somerset House, Strand, London WC2R 0RN
⊖ Temple
020 7845 4600

Gordon's Wine Bar

47 Villiers Street, London WC2N 6NE
⊖ Embankment
020 7930 1408

@ gordonswinebar
£ ●●○

27 | 洞窟裡的古老酒吧

倫敦最古老的酒吧就在這了。Charing
Cross 左邊那條斜坡我原本不是很在
乎,總感覺沒什麼靈魂和生命,又人潮
鼎沸、嘈嘈雜雜,沒想到某一天看雜誌
報導發現竟然在這條路某處拐下去樓
梯,有個別有洞天的紅酒吧,拱形地窖
內杯光交錯,頭上是火車隆隆駛過,整
體氣氛跟餐廳服務都沒話說。

Le Garrick

10-12 Garrick Street, London WC2E 9BH
⊖ Leicester Square
020 7240 7649

@ le_garrick

£ ●●○

老牌法式餐館

簡簡單單的洋蔥湯、一塊牛排佐一叢薯條、一道烤布蕾收尾。倫敦當然有較為高級的餐飲集團 The Wolseley 旗下各系列餐廳，裝潢氣派、菜單包攬歐陸及法國的經典菜色，但對我來說就是少了這麼點以前法國旅行時的街角溫度。le Garrick 是倫敦老字號的法式餐館，空間狹小到不行，卻依舊高朋滿座，是不少人去一旁皇家歌劇院看戲前的晚餐首選，當然也是品嘗法國菜的好去處。

Clutch Cafe → P.96

GREAT
PORTLAND
STREET W1
CITY OF WESTMINSTER

CLUTCH CAFE

CLUTCH

PART 2

Soho & Fitzrovia

Maison Bertaux

聽聞這間蘇活區的傳奇法式蛋糕舖很久了，卻是在讀了 2021 秋季號 Uniqlo 雜誌才被深深吸引想去看看。報導裡，英國時裝設計師 Jonathan Anderson 領著編輯到這間他的愛店，與可愛的老奶奶老闆娘合照聊天，店頭藍白布棚襯著兩人的笑容，桌上光澤盈盈的草莓蛋糕，叫人怎麼不心動。實際去了一趟，剛好接近打烊時段，見到了既熟悉又陌生的老闆娘 Michelle，微駝的她語速飛快、動作俐落：「只剩半小時哦，你們吃東西吃得快嗎？」當然可以。老鋼琴旁的小圓桌，奶油蛋糕、義式濃縮，背後雜誌堆竟藏了一本火紅《毛語錄》，真是太有趣了！熟客們來來往往，他們互相聊聊近況，你説在新店家越開越多的倫敦，這種老靈魂字號怎能不好好珍惜？

28 Greek Street, London W1D 5DQ
⊖ Leicester Square
020 7437 6007

@ maison_bertaux
£ ●○○

粉嫩伊比利豬排

Copita

天花板上的大吊扇、鵝黃色長格瓷磚、核桃木高腳椅、寫滿菜單的小黑板、面積小巧的店面，讓人聯想到西班牙街邊會出現的社區 tapas 餐廳。疫情期間擺出來的戶外座位似乎已經成了常態，沒下雨的話坐在外頭喝杯酒、與朋友們分享幾道 tapas 也挺好的。先點了一盤西班牙臘腸和非常「涮嘴」的酥炸青椒（guindillas fritas），guindilla 是來自西班牙一種淺綠色長椒，跟大家常見的 padron pepper 口感很像，少了一般青椒的厚重草味，油炸後撒上鹽巴飄出椒香及釋放微微苦氣，酥脆爽口，十分開胃。當然也不能錯過招牌菜伊比利黑毛豬排，外表煎至微焦發香，切開後一片一片粉嫩，油脂香與鐵板鑊氣融合在一起，搭配清爽的朝鮮薊，紅酒再下肚，這是 Copita 的魔力。

27 D'Arblay Street, London W1F 8EN
⊖ Tottenham Court Road
020 7287 7797

@ copitasoho
£ ●●○

義式家庭餐廳

Da Paolo Restaurant

最喜歡這種家庭味濃厚的義大利餐廳了。挺著大大啤酒肚的大叔身著正裝，衣角沾到了紅肉醬，手持黑托盤，來來回回、上樓下樓，用義大利語跟廚房確認點單，然後切換成英文來桌邊向你推薦各種菜色。Da Paolo 位於離 Soho 區不遠的一條寧靜巷道，對面就是很多上班族會買午餐果腹的傳統三明治店，整條街餐廳林立，這家店閃閃發亮，彷彿把人拉進了風光明媚的波隆那，漆著橙黃的牆面是南歐日光的寫照。從前菜到各種義大利麵、燉飯都表現得很好，分量大得驚人，味道也很好，提拉米蘇更是一絕。

3 Charlotte Place, London W1T 1SD
⊖ Goodge Street
020 7580 0021

@ dapaolorestaurant
£ ●●○

Bacone

Soho 區不乏精緻義麵小館，Bocca di Lupo 和老字號的 Lina Stores 都很出色，不過 Bacone 在品質、分量和價位等綜合條件出勝，成為這兩年的人氣義式餐廳。招牌菜絲綢手帕麵（silk handkerchiefs）是疊疊交錯的一張張寬麵，細緻滑潤，上頭油封鴨蛋黃，搭配口感溫順的胡桃。吃著吃著，窗檯區一旁的師傅繼續擀麵壓麵，成為品嘗美食之間的療癒畫面，服務生會時不時帶著一塊帕瑪森來你刨下新鮮起司絲，增添多層次口感。

慢燉牛頰寬帶麵用的是 pappardelle 麵條，巴洛羅紅酒醋與在嘴中化開的牛肉帶出豐腴香醇的口感。

8-10 Lower James Street, London W1F 9EL

⊖ Oxford Circus

020 3034 0820

@ bacone.pasta

£ ●●○

Archetype Coffee

在不缺獨立咖啡廳的 Fitzrovia 區闖出一番名號，擁有很高的評價。那天有點晚了，我探頭進去問了一聲還有沒有營業，「我們在試一批全新的咖啡豆，剛好能做最後一杯的量」，爽朗親切的店員一邊說一邊研磨豆子。早些時候已經兩杯手沖下肚，還是選

flat white 吧！於是在空間不大的店鋪占據小角落，聞香等待。咖啡味道醇厚，奶香濃郁卻不搶戲，可以的話建議內用，才能看到做得極好的拉花。

31 Riding House Street, London W1W 7DY

⊖ Oxford Circus

Ole & Steen

丹麥同事有一次向我推薦這家店的 app：「你快去下載，新會員有免費點數，可以換一片 Cinnamon Social」。來自丹麥的連鎖麵包店品牌，認識這位同事前我一直都是常客，因為與丹麥不熟，不知道真正的丹麥人認不認可這樣的大眾店舖，所以我一直沒提。沒想到她主動開了話題，後來我們還常約去買麵包，放下心中的大石，於是更經常去光顧。肉桂捲是一長條切成一片片的，口感溼潤、甜香濃郁，搭配無糖茶或咖啡剛好。同事 A 說，丹麥的肉桂麵包有很多種，而 Ole & Steen 的版本則是丹麥人早上帶去公司跟同事分享的版本，一起喝咖啡聊天共享早餐，為忙碌的一天浥注活力。

46 Eastcastle Street, London W1W 8DX
⊖ Oxford Circus
020 8194 3006
☞另有多家分店
@ oleandsteenuk

---

35 | 公廁咖啡店

Attendant

維多利亞時代的公廁是蓋在地下的，如今有越來越多餐廳酒吧改裝這些空間，以前是解放之地，現在光潔乾淨成了挺新鮮的聚餐空間。這間分店保留了廁所磚牆和一部分的陶瓷尿斗，店員打趣地說，別擔心，疫情期間加強消毒。在餐廳酒吧林立的寧靜小區 Foley 街上，這個曾是 1890 年代的男士公廁成為咖啡迷的聚集地。幸運的話，接近打烊時段跟店員聊上幾句，他還會送你賣完的可頌（但如果沒有也不要跟人家要噢）。

27A Foley Street, London W1W 6DY
⊖ Goodge Street
@ attendantcoffeeroasters

經典英式百貨公司

Liberty

在倫敦，提到有名的百貨公司不外乎是 Selfridges、Harrods 和 Liberty 這 3 間，幾年前英國 ITV 製播了改編自真實故事的影集 Mr Selfridges，講述美國商人如何在 20 世紀初期開設這間至今英國規模最大的精品百貨。比起前兩家富麗堂皇的歷史與內裝，Liberty 顯得稍微內斂高雅一些，少了點紙醉金迷的感覺（雖然價位依舊不太親民）。如果對購物逛街提不起興致，把它當做偉大建築的觀賞及考察也很好，Liberty 是經典的都鐸式建築，黑色木材與白色泥灰相間，據説整棟大樓的許多建材都是取自 20 世紀某一艘退役戰船，因此如果仔細觀察百貨內的樑柱地板，可以窺見一些歷史斑駁的風韻。1 樓的文具舖和餅乾點心店是我最喜歡的區域，也是買紀念品的好去處，家居區和服飾區也都蒐羅了英國和歐陸不少優秀的設計師品牌，Liberty 是一個精品迷和建築控都會喜歡的地方。

Regent Street, Carnaby, London W1B 5AH
⊖ Oxford Circus
020 3893 3062

@ libertylondon

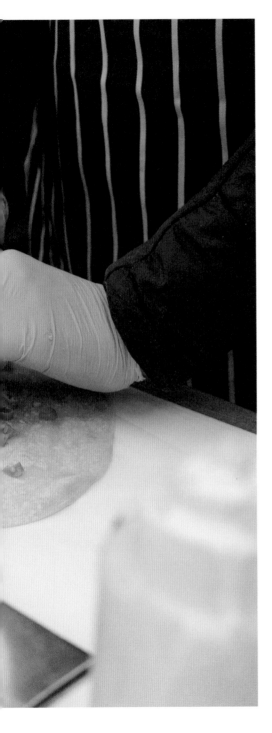

Berwick Street

「有一家賣 falafel wrap（炸鷹嘴豆泥球捲餅）的攤販絕對不會讓你們失望。」前公司的主管在我第一天進辦公室就帶我出去吃飯，他自信滿滿。Berwick Street 上的市集平日中午開張，這家 Jerusalem Falafel 每到午休時間便大排長龍，吸引一大群上班族。即便後來離職了，我每次到附近逛街總會忍不住加入隊伍，回味那單純美好的滋味。現擀麵皮裹著滿滿鷹嘴豆球，油炸香氣噴發，與各種沙拉和醃漬小菜的搭配十分清爽，價格也漂亮。同一條街充滿我的愛店，英國本土男裝 Universal Works 和 Oliver Spencer、幾家二手黑膠唱片行、一家專賣美術用品的材料行、北歐背包品牌 Sandqvist、丹麥男裝 A Day's March、牛仔褲品牌 Nudie Jeans，短短一條小道，是質感生活與在地日常的完美結合。

Berwick Street, London W1F 0PH
⊖ Oxford Circus
020 7641 7813

@ berwickstreetmarket
£ ●○○

日本老牌雜誌的美式古著店

Clutch Cafe

第一次進到 Clutch，便讓人聯想起下北澤常見的美式古著店，燈芯絨、丹寧夾克、軍靴、大學帽T、棒球帽、皮鞋等等，後來見到老木櫃上成排的日本雜誌，才與店主閒聊詢問，原來是日本男性雜誌《CLUTCH Magazine》全球唯一實體店舖，而選擇落腳倫敦，是因為英國熟男年齡層對於這本雜誌及其所推崇的風格情有獨鍾。疫情後，店內咖啡廳暫時休業，但1樓與地下室的服飾空間，依舊以日本人眼中的老美式風情讓到訪客人深深著迷。

78 Great Portland Street, London W1W 7NT
⊖ Oxford Circus
020 7580 6444
@ clutchcafelondon

英式文青男裝品牌

Wax London

以前唸書的時候曾讀過一篇社會學論文，探討為什麼英國人是全世界最喜歡穿深色衣服的民族之一，細節我忘了，但學者的結論為：英國人不喜歡特立獨行。但如果端看倫敦幾個潮流街區，風氣自然有些不同，近幾年竄出頭來的新品牌將顏色鮮明的設計融入英國熱愛的工裝外套 overshirt。Wax London 的衣服這兩年在倫敦街頭的曝光度越來越高，是最近英國文青男的愛牌。創辦人發明了 Whiting 白色縫線設計，讓傳統格紋襯衫更有生命力，料子偏厚的襯衫式外套適合春秋，顏色搭配更有別於其他男裝品牌。

67 Berwick Street, London W1F 8GR
⊖ Tottenham Court Road
07354 686775
@ waxlondonclothing

街頭童趣男裝品牌

Percival

發跡於東倫敦 Hackney 的 Percival 是一個很懂得行銷的品牌，起初我先被它一連串 IG 廣告打中，他們熱愛與倫敦在地的新銳插畫家聯名，將不同風格的畫作融入 T 恤和襪子，許多可愛元素穿在腳上、落在胸前，既街頭又帶點童趣。質料相當好，耐穿舒適，種類繁多的刺繡圖案個個都讓人會心一笑。工裝外套、Polo 衫、古巴領襯衫、厚針織毛衣等十分英式的款式，都在 Percival 的巧手下顯得新潮、有活力，讓人感受下午 4 點握著玻璃杯、站在酒吧前大笑的倫敦男孩氣息。

7 Marshall Street, London W1F 7EH
⊖ Oxford Circus
020 8194 3006
@ percival_menswear

爵士酒吧

Ronnie Scott's

記得以前學生時期，想進去爵士酒吧一探究竟又擔心戶頭餘額，於是仔細研究了 Soho 知名爵士酒吧 Ronnie Scott's 的節目表，主舞台的票價雖然昂貴但是另一個 upstairs 區域有早鳥票，£5 - 10 皆有，以前最喜歡去聽星期五晚上的古巴爵士夜，或是週三十分精彩的 Jazz Jam。當然後來出社會，願意多花一點錢了，也跟著做音樂的朋友去看主秀，搭著美食和調酒，氣氛輕鬆自在。某次到西班牙和葡萄牙旅行時跟當地佛朗明哥和 Fado 音樂家聊天才知道，倫敦 Ronnie Scott's 是歐洲音樂圈人人讚譽的表演場所，而去過數次的我聽到這，當然一點也不意外。

47 Frith Street, London W1D 4HT
⊖ Leicester Square
020 7439 0747

ronniescotts.co.uk

Foyles

在全球書店界和出版業，英國兩大書店品牌蔚為傳奇及標榜，一是水石書店（Waterstones），另一個就是 Foyles，而幾年前水石更闊氣將 Foyles 收購，形成龐大的英國書店集團，力求與亞馬遜搏鬥。Tottenham Court Road 旗艦店新穎寬敞，占地 6 層樓，第一次進去時點燃了鄉愁，讓人想起台灣的誠品，但逛了幾次後當然也知道，Foyles 這間旗艦店還是把 90% 的空間留給了書本，僅有一小區塊販賣文具選物，頂樓則是咖啡廳，是個名副其實的大型書籍商場。各種類型的書迷都可以在這找到自己的一片天地，悠悠靜靜，把自己拋入書海。

107 Charing Cross Road, London WC2H 0DT
⊖ Tottenham Court Road

@ foylesforbooks

攝影藝廊

The Photographer's Gallery

快時尚和連鎖店林立的牛津街後巷，竟然藏著這麼一棟攝影藝術寶地，The Photographer's Gallery 算是目前倫敦最大的攝影藝廊，收藏了諸多攝影名家的經典作品，像是美國的戰地攝影記者 Robert Capa，或是我自己非常喜歡的英國攝影師 Martin Parr。藝廊將展品分割成三大區：Victorian, Modern, Contemporary，每一個主題都是對應時期很具代表性的攝影師集錦。

16-18 Ramillies Street, London W1F 7LW
⊖ Oxford Circus
020 7087 9300

@ thephotographersgallery

Paradise

倫敦的南亞菜系百花齊放,這花開的路途滿是殖民色彩的荊棘與艱苦,如今卻也迸發出不同香料辛芳的美食光景。印度菜是許多人入門的開端,在嚐了不少印巴路線的外賣和餐廳後,這兩年我開始接觸到斯里蘭卡菜,這又是另一個讓人為之驚豔的新世界。斯里蘭卡文化受到前殖民母國葡萄牙、荷蘭和英國影響,也因為地域和文化融入了馬來西亞和南印度的風情,是一個豐富飽滿又充滿生命力的國度。Paradise 是公司一群爽朗的斯里蘭卡裔同事的愛店,全黑風格的門面配上清水模內裝的粗獷主義設計,在 Soho 區一級戰場很容易不小心就忽略,不過它所呈現的味蕾衝擊,完全跟低調簡約的裝潢唱反調。「Paradise 是主廚暨創辦人 Dom Fernando 為斯里蘭卡與祖母獻上的一封情書。」看到新聞稿這麼寫,我第一想法是,哇,很俗套的雞湯故事,不過在吃完飯後,我改變想法了,而且我要擅自幫他修改這句話:「這是一封火辣辣的炙熱情書。」(我真的辣到說不出話來)。辣歸辣,發燙的舌頭中還是感受得到辛香料的濃情,配上揉雜著羊油的新鮮酥餅 paratha 以及斯里蘭

61 Rupert Street, London W1D 7PW
⊖ Piccadilly Circus

@ paradisesoho
£ ●●○

卡獨有的 hopper 碗狀薄餅,小心翼翼不發出嘶嘶嘶的解辣聲音,非常過癮。如果你嗜吃印度料理,卻還沒有踏入斯國島嶼的世界,去試試吧。

Darjeeling Express

某次受《名廚 MINGCHU》邀請，有幸與 Netflix《主廚的餐桌》主角之一的 Asma Khan 進行了一場訪談，見面前僅僅從電視螢幕上感受這位廚師的熱情，相遇後這份熱忱躍然於眼前，讓我在專訪後忠心成為她的粉絲，這是 Asma 獨有的個人魅力。她從加爾各答移民至倫敦，成為全城第一位在英式酒吧供應印度菜的廚師，而後在自家公寓做起私廚，最後開立餐廳，僱用像她一樣，沒有經過傳統廚藝訓練的一幫南亞女性。走進廚房與 Asma 一起跟她的員工們聊天，當時正值忙碌的午餐時段，卻絲毫沒有傳統印象裡廚房內的緊繃氣氛，也沒有主廚大聲嚷嚷的高頻音量，就像是一幫嬸嬸阿姨伯母快樂地做菜。Darjeeling Express，名字取自連接印度西孟加拉省的大吉嶺和西里古里的印度喜馬拉雅鐵路，也是 Asma 兒時的暑假回憶。如這命名故事一樣，餐廳內的菜色以 Asma 家鄉加爾各答為出發點，融合員工不同的南亞背景，加入孟加拉、尼泊爾、西藏等地的元素。塔利 thali 是一大特色，這是一種出現於婚宴或喜慶場合的印度套餐，大大銀盤上擺著數種小碟，套餐有葷素兩種選擇，是店內的招牌菜。印度香料飯 biryani 更是招牌菜，Asma 使用父親的古老食譜，祖先家族是 19 世紀被大英帝國驅趕的蒙兀兒帝國貴族，當年的流亡皇室一夕轉貧，只好在香料飯裡加入馬鈴薯來增加飽足感。此外，這個香料飯版本受到波斯文化影響加入了西梅李（prune），傳統印度 biryani 是完全不會加入水果的。訪談期間，見到 Asma 不斷起身向客人道謝，有時甚至坐到客人身旁談笑風生，最後還請員工煮了一頓蝦仁咖哩飯給我，配上香料奶茶和芒果酸奶，我彷彿也進入了 Asma 的大家庭之內做客，感受她最想帶給倫敦人的印度家常風情，我想這點，她真的做到了。

2.1, 2.4 Kingly Court, Kingly Street, London W1B 5PW
⊖ Oxford Circus
020 3375 3772

@ darjeelingldn
£ ●●○

Drummond Street

Roti King

Drummond Street

在倫敦大學學院 UCL 以及 Euston 火車站這兩個喧鬧地標的交集地帶，藏了一條「小印度」的寧靜街道。二戰後為了修復重建，特別允許前殖民地的公民前來英國落地生根，而 Drummond Street 則是從 1970 年代開始發展成今日印度菜一條街的模樣。素食者是印度的一大族群，這條街上最有名的兩家餐廳都以素食料理聞名（Diwana Bhel Poori House,

Ravi Shankar），也有供應葷食的 Drummond Villa。點一份印度香料飯 biryani、一盅 butter chicken、再來個 tandoori 烤肉，一手撕饢，一手握著芒果酸奶的吸管大口啜飲，簡單的印度菜，有家庭經營的溫馨氛圍，有繁忙大都會裡的小小異國隱世。

Diwana Bhel Poori House
121, 123 Drummond Street, London NW1 2HL

Ravi Shankar Bhel Bhel Poori House
133-135 Drummond Streett, London NW1 2HL

Drummond Villa
118 Drummond Street, London NW1 2HN
@ drummondvilla
£ ●○○

↦ Euston Square

Roti King

傍晚 5 點開始已經大排長龍，因為這是連馬來西亞人都一致認可的道地口味。如果是多人一起來用餐，建議各自點一份主食，然後再一起點一些小菜分享。Canai 屬於分量較少的前菜，兩張 roti 配上一小碗咖哩，豪邁地撕餅，沾著泛起油光的羊肉咖哩醬，相當開胃。Laksa 麵是他們家的招牌，湯頭濃郁、料又多，我竟然還

忍不住數了一下他們放了幾顆魚丸、幾個大蝦仁，加上魚板、油豆腐、軟嫩雞柳條、蔬菜以及很有飽足感的麵條，一勺又一勺的椰香咖哩湯下肚，一邊再啜一口冰冰涼涼的馬來奶茶 teh tarik，剛剛排隊的等待值得了。

40 Doric Way, London NW1 1LH
↦ Euston

@ rotikinguk
£ ●○○

PART 3

Bloomsbury & Holborn

48 | Ⓢ Ⓛ 　　　　　　　　法式糕點舖

Miel Bakery

主廚是一名很有才華的印度美食作家，帶著巴黎 Le Cordon Bleu 的受訓經驗開了這家法式糕點舖，短短時間就累積出好名聲。因為緊鄰 UCL 所以中午過後總是充滿學生排隊人潮，建議可以早點去。所有麵包都是當天早上現烘出爐，我最喜歡這裡的可頌、英國香腸包（sausage roll）和小豆蔻包。如果正值 1 月，也不妨試試國王派，除了一般大尺寸，也有小巧的 6 吋版本，可愛的藍色包裝配上皇冠，香脆千層酥配上甜度適中的杏仁奶油內餡，非常好吃！

60-61 Warren Street, London W1T 5NU
⊖ Warren Street

@ mielbakery

　　　　　　　　公廁餐酒館

WC
Bloomsbury

我個人無法抗拒這種老建物翻新的故
事，不過應該很多人聽到這裡的歷史之
後會有點卻步，過去曾是老維多利亞時
代的公廁，但絕對沒有廁所味。沿著樓
梯向昏暗的光源走，推開門後看到的是
一格一格半包廂座位，幽默風趣的老闆
一邊帶我們入座，一邊介紹起店內的各

種擺飾和裝潢。我們常用 WC 來表示
公廁，店名裡的 WC 玩了諧音梗，既
是廁所，也是 Wine & Charcuterie（法
式熟食冷肉盤）。酒單上如果沒有想喝
的品項，可以請他們特別調，如果需要
無酒精的雞尾酒也可以客製化，讓人在
毫無壓迫的氛圍中，微醺、快樂。

Former Public Convenience, Guilford Place,
London WC1N 1EA
⊖ Russell Square
020 3011 2115

@ wcbarslondon
£ ●○○

鬧區裡的一條安靜小街

Lamb's Conduit Street

Lamb's Conduit Street 這獵奇的名字聽起來就引人興趣,不過最討喜的便是這一條街散發的氣質。明明座落在人潮洶湧的 Holborn 區域,這條大巷卻安靜又祥和,咖啡廳 Redemption Roasters、起司輕食舖 Fromagerie、男裝店 Folk、餐酒館 Noble Rot,酒品專賣店 Shrine to the Vine、英式酒吧 The Lamb 等全都聚集於此。天氣好時,餐廳的戶外座位區坐滿人潮,讓人忘卻這是讓人頭痛的嘈雜倫敦市中心,一瞬間以為來到可愛的歐洲小城鎮。

⊖ Russell Square

Noble Rot

51 Lamb's Conduit Street, London WC1N
3NB
⊖ Russell Square
020 7242 8963

@ noblerotbar
£ ●●●

我並不是葡萄酒專家,所以多半仰賴服務生的建議,Noble Rot 是我遇過酒單最齊全、服務生知識最豐富且親切的餐酒館,餐點與酒的搭配性極高,價格偏高,但整體氣氛不會讓人喘不過氣,既休閒又高雅,像是一個品味極好卻富有藝術家氣息的酒莊主人邀你去她家做客。餐廳品牌的同名月刊雜誌更是獲取葡萄酒產業知識的聖經,從設計細節、餐點品質、酒單獨特性到服務態度,這裡絕對是重要約會或慶祝聚餐的首選。

The Lamb

94 Lamb's Conduit Street, London WC1N 1EA

⊖ Russell Square

020 7405 0713

52 | **S**

烤羊肉餐酒館

來到 The Lamb，我自然點了一盤招牌烤羊肉，這是風光明媚的星期天午後，剛好是英國人習慣吃週日烤肉餐（Sunday Roast）的時間，酒吧內卻不是太多人，幾位英國老先生老奶奶獨自在單人座一邊啜飲啤酒、一邊看報紙，不時有小家庭帶著小孩和狗進來入座，大啖美食、享受悠閒的家人時光。

@ lamb.bloomsbury

£ ●●○

Barbican Estate ☞ P.119

PART 4

Clerkenwell & Farringdon

53 | 小攤林立的小巧市集

Whitecross Street Market

位處 Moorgate、Old Street、Farringdon 這三大辦公商業區之間，因此也就自然衍生出這個提供給上班族解決午餐的小巧市集了。短短一條街道上，糅合了歐亞美各地菜系的攤販。寧靜美好的社區，在鹹辛交錯的氣味裡，長出一張漂亮的世界美食地圖。這裡的

食物不會讓你嘖嘖稱奇，卻很適合剛好在這一區散步閒逛的旅人，買一份 falafel 捲餅或印度咖哩，坐在附近公園的椅凳上，品嘗倫敦日常。

Whitecross Street, London EC1Y 8JL
⊖ Old Street

在地人的日常街區

Exmouth Market

雖然名為 market，但並不是一個真正的市集，反而是一條自成一格的有趣大街：特色餐廳、獨立小店、咖啡廳、新潮酒吧、英式老 pub 讓這裡形成了優美聚落，是市中心裡罕見的寧靜社區，並不是什麼了不起的觀光景點，但絕對是觀察在地人如何生活的好去處。來自丹麥的可愛啤酒吧 Mikkeller BrewPub、平價又好吃的窯烤披薩 Pizza Pilgrims、挑選生日禮物的好店 Space、可以帶著筆電坐上一整天的 Briki 咖啡廳和 Caravan 早午餐、融合北非菜系與西班牙 tapas 的 Morito、薯條炸得特別好的 Exmouth Arms、漂亮植栽舖 Bontanique Workshop，以及不遠處以油封馬鈴薯聞名的老餐廳 The Quality Chop House，Exmouth Market 是一處保存老倫敦、孕育新都會的美好街區。

↪ Farringdon

magCulture

曾經為了 VERSE 雜誌採訪過 magCulture 的老闆，因此我更明白愛紙如癡的浪漫轉化成金流生意，實在不簡單。經營多年至今，magCulture 不只是一間書店，更已儼然是歐美獨立雜誌的訊息中心。店內沙發區大大方方地邀請顧客隨手取一本，坐下來靜靜閱讀。幸運的話，在書櫃後工作室辦公的老闆偶爾會走出來，推薦他自己的心頭好。在報墨積極轉型數位的時代、在紙張成為電路顆粒的閱讀器世紀，一本本飛越洲際來自各地的有趣雜誌在潔淨架櫃仍有一席地位，在舒適店鋪的燈光下閃閃發亮，等待著眷戀墨印的人們將它們帶回家珍藏。

270 St. John Street, London EC1V 4PE
⊖ Farringdon
020 3759 8022

@ magculture

藝術展覽中心

Barbican Centre

粗獷主義（brutalism）是二戰以後，戰火餘灰後拔地豎起的複合型社區建物，而「巴比肯」（Barbican Estates）絕對是代表之一。它在當時被評為倫敦最醜建築，如今隨著時代變遷，成為不少建築迷的水泥美學之最，也成為價格不菲的豪宅之一。它是住宅大樓、亦是藝文中心，剛毅與冷冽的外表下孕育無數頂尖且優秀的活動，倫敦交響樂團在此做定期演出，優質的藝術展覽從不停歇，電影院的選片更是十分精彩，如果上網事先註冊加入會員，25 歲以下的電影票只要£5。住宅區廣場開放非住民進入，可以隨意散步閒逛，觀賞倫敦這座灰泥烏托邦。

Silk Street, Barbican, London EC2Y 8DS
⊖ Barbican
020 7870 2500

@ barbicancentre

Clerkenwell & Farringdon

Bouchon Racine

這本書有許多餐廳都是來自我平常閱讀英國美食家 Jay Rayner 的衛報專欄所蒐集而來，這家法式餐酒館也是其中之一，而且應該是這幾年他的食評推薦中，我最喜歡也感到最驚艷的一家。2022 年秋天才開幕，隨即在法國菜愛好者之間掀起熱潮，只營業星期二至星期六的午晚餐時段，最晚得提前兩個月訂位，但是漫長的等待絕對值得。餐廳位於具有 300 多年歷史的酒吧 The Three Compasses 樓上，不要懷疑，左側小門的樓梯走上去，彷彿來到里昂的漂亮餐館。露台區的玻璃屋頂邀請大把大把的陽光進入，光像糖漿般充滿餐廳內，珊瑚紅漆牆被染出一種更有活力的細緻色調，服務生親切和藹的聲調與客人的笑語交融出一種悅耳的音樂。點菜是透過一大面黑板，工整的粉筆字跡寫滿各種時令菜色，如果對陌生的法文名字有些疑惑，店員都會很細心地解說。前菜選了淡菜佐番紅花蒜味慕斯（saffron garlic mousse with mussels），綿滑柔順包裹大海鮮味，儼然法式版茶碗蒸，太好吃了。招牌菜烤兔腿佐培根及法式芥末醬（rabbit, mustard sauce, smoked bacon），肉質嫩得出奇，讓人一口一口停不下來。菜單上另外還有一般餐廳比較少見的法菜，同桌友人點了燉小牛頭（tête de veau），吃起來頗有台灣清燉牛肉的風情；隔壁桌的羊排看起來也挺不錯的，每一道菜的香氣瀰漫空氣中，整個館子的人都掛著大大笑容。另外我們也加點了馬鈴薯當做澱粉主食，馬鈴薯品種選得真好，水煮時間掌握恰到好處，綿密鬆軟，好加分。甜點吃不下便沒點，服務生笑著對我們說：「那你們可得再來一次了。」那當然，這家餐廳已經成為我倫敦名單中的前三名，我一定會不斷回訪的。

66 Cowcross Street, London EC1M 6BP
⊖ Farringdon
020 7253 3368

@ bouchonracine
£ ●●○

PART 5

Mayfair, St. James & Westminster

Hagen
Espresso

27-29 Swallow Street, London W1B 4DH
⊖ Picadilly Circus
☞ 另有多家分店

@ thehagenproject

　隨時想喝咖啡的安心選擇

嗜咖啡的瑞典主管某次午休帶我來這裡，稱是全城最好喝的 flat white，我抱著遲疑的態度點了一杯，直接坐在外頭軟布沙發區靜靜品嘗。後來好幾次在附近逛街，我又跑來點了義式濃縮、抹茶拿鐵和手沖，每一種表現都很亮眼，不少倫敦區域都有分店，是個想喝好咖啡的安心選項。

Sabor

35-37 Heddon Street, London W1B 4BR
⊖ Piccadilly Circus
020 3319 8130

@ sabor_ldn
£ ●●●

饕客們前往米其林一星的西班牙餐廳 Sabor，應該只有一個目的：墨魚燉飯。來到 tapas 餐廳，其實最讓人享受的就是選個靠近出餐吧台的位子，看著廚師們在開放式廚房裡自然流露的默契合作，鐵板上滋滋作響的銅皿和鑄鐵鍋，熱氣直上成煙，溫度正好的西班牙菜一道道上桌。

THE PORTER GALLERY

Royal Academy of Arts

Burlington House, Piccadilly, London W1J 0BD
⊖ Piccadilly Circus
020 7300 8090

@ royalacademyarts

每年的 RA Summer 總是讓人期待不已。這是從 1769 年就舉辦至今的英國藝術盛會,是全世界新秀藝術家展露頭角的舞台,也是過去不少英國大藝術家的起點。英國皇家藝術學院每年都會收到一兩萬件投稿,最後僅會選出千件進行展出,包括畫作、海報、雕塑、攝影、建築等類型的藝術品,在恢宏氣派的伯林頓府(Burlington House)向世人展示躍居藝術殿堂的年度新秀。

Fortnum &
Masons

181 Piccadilly, London W1A 1ER
⊖ Piccadilly Circus
020 7734 8040

@ fortnums

61 | 經典食品百貨公司

年底前夕，F&M 外牆總會換上華麗妝點，是我個人覺得比攝政街聖誕點燈更值得觀賞的霓閃景象。這家 1707 年成立的食品百貨雖然以高級茶葉聞名，但其他食品區也很值得花時間細逛，果醬和柑橘醬（marmalade）是英式三明治文化中不可或缺的元素，超過 500 種巧克力琳琅滿目，地下 1 樓的生鮮區更是一窺多種食材的美食寶庫。

Regency Cafe

雖然是各大旅遊書都會介紹的英式早餐店，但我還是不得不特地為它寫一篇。在距離大笨鐘和西敏寺不遠的鬧區之中，閒靜巷弄裡竟然藏著這麼一間質樸老店。啞光黑外牆的內部，是自二戰後保留至今的傳統早餐店風情，客人排隊向櫃檯廚子點黑板上的菜色，一坐下來環顧四周，是黑白老照、歷史報紙、以及英式 gingham 格紋元素，或許不是如此相似，但總讓我聯想到京都喫茶店那般日常調子。如果傳統英式早餐（full english）不見得每一樣元素你都喜愛，那麼可以客製化，我喜歡烤得酥香的土司，搭配焦脆培根、兩片薯餅、蘑菇以及一杯濃濃的早餐茶。

17-19 Regency Street, London SW1P 4BY
⊖ Pimlico
020 7821 6596

£ ●○○

63 | **S**   義式輕食小店

Ben Venuti

家人一起經營的老店，櫥窗及木架上是
林林總總的義大利進口乾貨，檯面上羅
列手工現做的義大利生麵和餃子，而有
一些更會放上幾款經典的義大利甜點。
會知道 Ben Venuti 是在地圖上胡亂搜尋
有賣西西里島甜捲餅（cannoli）的店
家，沒想到這家評價很好。小小的店就
兩位義大利小哥分工，可愛的是他們還
有帥氣的風衣版型制服，一人負責咖啡
甜點、另一人主掌鹹食。帕尼尼三明治
加了橄欖、火腿和莫扎瑞拉起司，溫暖
酥軟，開心果 cannoli 甜度適中，搭配
義式濃縮花 10 分鐘快速吃個點心，來
來往往的顧客各個講義大利語，看來是
個頗有信譽的店家。

34 Upper Tachbrook Street, Pimlico, London
SW1V 1SW
↔ Victoria
07401 125922

@ benvenuti_pimlico
£ ●○○

64 | **Ⓢ**　　　　教堂裡的美食廣場

Mercato Mayfair

老教堂改建成美食廣場，這個藏在高級地段的小天堂，應該是陰雨綿綿日子的好去處，幸運的話，假日還有爵士樂團演奏，窯烤披薩、新鮮義大利麵擺在桌上一口接一口。Mercato Metropolitano MM 是倫敦的市集品牌，起先是在南倫敦 Elephant & Castle 開了一個規模不小的室內市集，主打各式各樣的義大利料理。如果想嘗試更多元的食物，可以去那個原址市集，但如果想細細欣賞老建物改造的教堂市集，肯定要來這裡。進門後走到底右邊的義大利麵攤販，平日午餐有£5 的義大利麵，每天口味都不同，是個划算的選擇。

St. Mark's Church, North Audley Street, London W1K 6ZA
⊖ Bond Street
020 7403 0930

@ mercatometropolitano
£ ●●○

65 | 新潮印度菜餐廳

Bibi

飲食作家朋友帶我來這間店品嘗看看倫敦怎麼樣在千千百百的印度餐廳中又玩出新滋味。Bibi 屬於價位偏高且店內氣氛優雅的印度餐廳，通常我吃南亞菜，喜歡有點家庭小館風情的純樸餐廳，但吃完 Bibi 之後確實感受到不同流派的美味衝擊。黑胡椒生牛肉、茄子咖哩佐優格、到鮟鱇魚咖哩等小菜和主菜，每一道都精緻卻不會

過於西化，一口一口在口腔裡迸發，印度半島不同地區的風味和食材全都濃縮在這一頓佳餚裡。

42 North Audley Street, London W1K 6ZP
⊖ Bond Street
020 3780 7310

@ bibi_ldn
£ ●●●

市中心裡的綠洲

St. James Park

它不如海德公園或 Richmond 公園般廣袤諾大，位處於市中心的黃金地帶，卻包攏了各式各樣豐富的綠植花卉和野鳥動物。有一年常駐於湖畔的黑白天鵝、白鷺、群鴨、以及「鎮園之寶」大鵜鶘，春天時更有水仙花和鬱金香舖排而成的花圃、還有大片的綻放櫻花。官網有一句很有意思的歷史課本式的資訊：「鵜鶘在這裡已生活了 400 多年，最早的一批是俄羅斯大使送給國王查理二世的禮物。」鵜鶘家族一直以來，都稱職地守護這座園地，靜靜地看著熙來攘往的遊客。

⊙ St. James's Park

PART 6

City of London

67 | Sunday Roast 週日烤肉冠軍

Blacklock City

我認為比炸魚薯條更值得吃的英國佳餚：Sunday Roast。顧名思義，星期天的食物，通常是一家人或三五好友一起到 pub，全隻烤雞、羊排或羊腿、皮烤得焦脆的五花肉、柔嫩香腴的傳統英式烤牛肉，一人一盤不同種類的烤肉套餐，搭配類似碗狀油條的約克夏布丁（Yorkshire pudding）、烤蔬菜、馬鈴薯及烤肉時逼出油脂所做成的濃郁醬汁（gravy），這是每隔幾個月我都要特地安排的大餐，是大口吃肉喝啤酒的滿足時刻。Blacklock 是倫敦名氣響亮的

牛排館及英式烤肉屋，不只肉類主食表現很好，小菜也很驚豔，尤其是豬頭肉佐烤吐司，將烤豬頭的肉一片一片刮下，燉煮成軟嫩口感，搭配辣椒片和醇厚肉汁，與焦香麵包一口咬下，再乾一杯 Blacklock 自家的精釀啤酒，這頓週日午餐是美味難忘之遇。請記得，眾多分店的週日時段都一位難求，記得至少提前一個月以上訂位，絕對值得。

13 Philpot Lane, London EC3M 8AA
⊖ Monument
020 7998 7676
☞另有多家分店

@ blacklockchops

£ ●●○

Rosslyn Cafe

78 Queen Victoria Street, London EC4N 4SJ
⊖ Mansion House
☞另有多家分店

　　　　　每天都想去的咖啡店

雖然我的公司有咖啡師進駐提供免費拿鐵，但我跟幾個愛喝咖啡的同事還是偶爾會去 Rosslyn 犒賞自己，畢竟他們的店員真的親切地無話可說，有時壓力大去找他們聊聊天，喝上一杯精品咖啡，煩惱消散一空。當然我們也都是為了集點，才經常光顧。

@ rosslyncoffee

Porterford Butchers

72 Watling Street, London EC4M 9EB
⊖ Mansion House
020 7248 1396

@ porterford_butchers

£ ●○○

　　　　　油膩滿足的三明治肉舖

40 年歷史的肉舖稱不上老字號,但整家店給人濃厚的英式草根氣息。幾個大叔及年輕小伙子一起宰肉切塊,光用眼睛看就能感受到油脂及鹹香竄出玻璃櫥窗。有時同事們會相約到這裡,甘願加入長長人龍,等候老闆幫我們做一份燉牛肋排法棍三明治。掛在空中的小黑板布滿當天菜單,記得排隊時就下定決心,輪到你時可別躊躇不定,不然你身後飢腸轆轆的上班族可是會不愉快的。

Host Cafe

有陣子我家的網路老是斷線，於是託 WFH（Work From Home）之福，我經常拿起背包瀟灑走出家門，探尋社區或稍微遠一點的優質咖啡廳。後來雖然家裡的線路通順了，我卻對這種「逐咖啡而居」的生活而上癮，經常跑到充滿烘豆氣味的環境，與其他素未謀面的遊牧者共享這一大片生活態度。有熱壓三明治的鹹香，有不同咖啡的花果味、苦脂香，有早晨父母帶著孩子的朝氣，有中午上班族小歇一會兒的從容都會感，還有好多好多待在家裡感受不到的、與整座城市的親暱。

St. Mary Aldermary, Watling Street, London EC4M 9BW
⊖ Mansion House
07873 438774

@ hostcoffee

設計感咖啡店品牌

WatchHouse

每一間分店的裝潢設計都各有特色，烘豆場兼站立式吧檯的本店位於 London Bridge 車站的鐵路拱道下，赤土色牆磚設計整潔明亮；緊鄰倫敦塔橋附近的 Tower Bridge 店藏匿在歷史悠久碼頭老倉庫巷弄；St. Mary Axe 分店位於著名商業大樓的樓下，因而結合了金屬和工業風的冰冷設計，搭配精緻的木頭傢俱，又消減了一些極簡風的距離感，平

日下午可見附近上班族開著筆電談公事，也有大學生窩在角落靜靜讀一本書，氣氛很好。Seven Dials 有著靜雅的鴨蛋綠外牆，裡面是 1 樓加地下室的用餐空間，位於人流不絕的柯芬園地帶，生氣蓬勃卻不會擁擠難耐，是逛街後休息的好去處。

St. Mary Axe 分店
70 St. Mary Axe, London EC3A 8BG
⊖ Aldgate
020 3096 1935
☞另有多家分店

@ watchhouse

西倫敦

West London

我在東倫敦打滾多年後選擇落腳西邊，真的覺得這裡相當適合安居樂業，對旅客來說當然更有無窮無盡寧靜美好的社區可以探索。除了大家熟悉的 Notting Hill 彩色小屋之外，我自己非常喜歡 Paddington 一帶的運河氣息；維多利亞紅磚房林立的 Marylebone 則適合街拍及探索小店；海德公園周圍一帶有博物館群、小餐館、以及中東美食區。至於 Chelsea 雖然遍布吵雜的小開跑車族，河岸步道及小小商店街 Pavilion Road 還是可以感受相當愜意悠閒的切爾西風光。

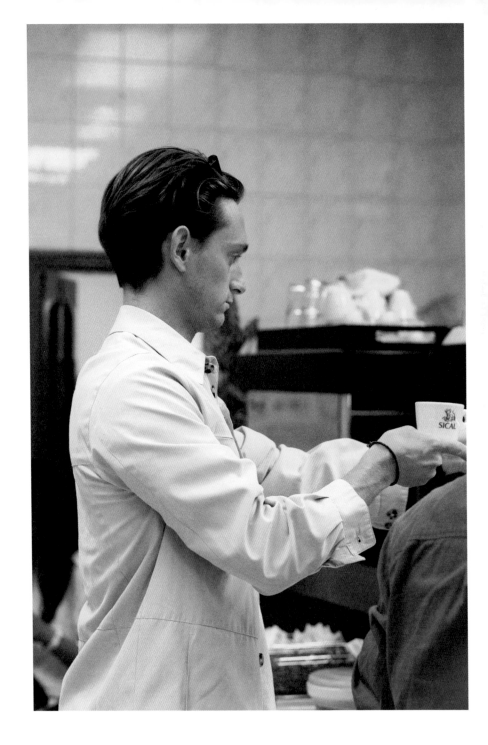

Serpentine Gallery → P.154

SERPENTINE GALLE

PART 1

South Kensington & Notting Hill

Buns from home

The Union Tavern

有一次騎著車到那附近下起大雨，順勢在橋墩一旁的運河看見 The Union Tavern，意外踏入了這家主打精釀啤酒的 pub。選擇多樣的啤酒酒單會經常更替，沒想到餐點的表現也十分優秀，我在這裡發現了倫敦讓我少數很喜歡的炸魚薯條版本，週日烤肉（Sunday Roast）也很美味。看著熟客們來來往往，互不相識的客人就這樣與隔壁桌聊起天，戶外區的運河岸座位陽光普照，這是一家讓人很舒服、一點也沒有擁擠感、不會被醉漢打擾的可愛 pub。

45 Woodfield Road, London W9 2BA
⊖ Westbourne Park
020 7286 1886
@ uniontavern
£ ●●○

Lisboa Patisserie

提到 Notting Hill，我就不特別介紹知名的市集 Portobello Market 了，但我不得不介紹 Goldborne Road 這條氣氛截然不同的街道。除了有幾家漂亮的古董傢俱店之外，也有幾家頗有葡萄牙傳統咖啡廳風情的小店，其中 Lisboa Patisserie 則是倫敦少有的老字號葡式糕點舖。一走進去彷彿馬上就把我拉回里斯本街角的老奶奶麵包坊，昏黃燈泡、藍繪花磚、明亮玻璃櫥櫃下的各種油黃麵包，除了必點蛋塔之外，卡士達甜甜圈（Bolas de Berlim）也讓人愛不釋手。

57 Goldborne Road, London W10 5NR
⊖ Westbourne Park
020 8968 5242
@ lisboapatisserie

buns from home

疫情最慘淡的 2020 年下，buns from home 成為倫敦肉桂捲界的一顆新星，現在已經是近 10 家小分店的名麵包坊。我喜歡的肉桂捲得帶一點濕度，不可以有太多糖霜，而他們家的版本除了符合這兩個標準，更帶有類似可頌的層次口感，相當特別。除了肉桂捲之外，豆蔻麵包、鹹口的菠菜麵包、佛卡夏、招牌起司蛋糕，都是老闆自己研發的特殊口味，買了之後坐在外面的長凳馬上咬一口，滿足地結束下午點心，再繼續起身逛街。

128 Talbot Road, London W11 1JA
↔ Ladbroke Grove
07706 747774
☞另有多家分店
@ bunsfromhome

The Spice Shop

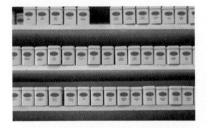

喜歡做菜的話，這間店是你的香料天堂。亮黃色的小小店舖就在人來人往的大街上，但如果不仔細探頭瞥一眼，還真容易錯過。除了東倫敦 Brick Lane 幾家大型的南亞超市之外，西倫敦靠近市區最齊全的大概就是 The Spice Shop 了。全世界各地文化的香料應有盡有：中國花椒、加勒比地區辣椒粉、東南亞咖哩、印度咖哩、西班牙番紅花、匈牙利紅椒粉，店內兩道牆面舖滿黃紅小鐵罐，散發著濃郁辛香，抓個幾包回家燉煮，就是道地美味的咖哩。

1 Blenheim Crescent, London W11 2EE
↔ Ladbroke Grove
020 7221 4448
@ thespiceshoplondon

英倫風情裡的日本角落

Japan House

由日本外交部領軍的文化宣揚機構，
另外在洛杉磯及巴西聖保羅也設有駐
點。實在很佩服日本官方到民間外輸
自己文化的手法，驕傲自信、優雅高
明，卻同時讓人感受到內斂含蓄的民
族文化。明明日本文化已經是全世界
風行的一種美學，卻還是不惜成本在
西倫敦設立了這麼有文化價值又完善
的場館。館內 1 樓是咖啡廳選品店，

樓上是日式餐廳，樓下則是定期舉辦
不同展覽的藝廊以及可以坐在那看書
的小閱覽室，偶爾到那看展，逛完了
就待在小圖書館裡翻閱各種日本設計
書籍，身心靈滿足，好暢快。

101-111 Kensington High Street, London
W8 5SA
⊖ High Street Kensington
020 3972 7100

@ japanhouseldn

　　　　　　　　經典男裝品牌

Paul Smith
Notting Hill

英國經典的男裝設計師品牌就不用我
多說明,我雖然不是特別喜愛招牌斑
馬和彩虹條紋,但他們家總是會推出
出其不意的新鮮設計,讓人耳目一
新。Paul Smith 分店不少,但如果要我
選一家,絕對是離 Notting Hill 不遠的
這間莫屬,隱身在白皚絕美的愛德華

式倫敦公寓裡,彷彿受熱愛收藏 Paul
Smith 屋主的邀請,也很像踏入 Paul
Smith 藝廊參觀,是與其他市區分店截
然不同的購物體驗。

122 Kensington Park Road, London W11 2EP
⊖ Notting Hill Gate
020 7727 3553

| 夏日建築涼亭

Serpentine Gallery

每年夏天海德公園內的蛇形藝廊都會邀請一名建築家，在綠地草坪上建造一棟為期一整季的快閃展館，2000 年開始的這項傳統如今成為倫敦藝文界不可錯過的年度盛事。在盎然綠意之中看著不同建材與自然環境互動，有時場館內還附設咖啡舖，讓你坐下來喝一杯，靜靜觀察細膩的建築設計與線條結構。2022 年的《黑色禮拜堂 Black Chapel》、2021 年以粉灰色方柱與板塊構成的幾何屋、2019 年日本建築家石上純也所打造的石板屋涼亭、2018 年瓦片柵欄的水泥亭、以及 2017 年宛如樹冠的木造展館等等，可以感受到不同國家藝術家如何用自己的建築語彙詮釋英國與倫敦獨特的地景。

⊖ Lancaster Gate
020 7402 6075

@ serpentineuk

Design
Museum

224-238 Kensington High Street, London
W8 6AG
⊖ Kensington
020 3862 5900

@ designmuseum

設計迷的小天地

設計博物館應該是我在倫敦回訪率最
高的美術館之一,不只所處地段幽靜
宜人,博物館本身也不是太大、人潮
不致於過多,2016 年改造二級古蹟
的全新場館開幕,幾何屋頂線條有趣,
卻不會譁眾取寵,常設展《Designer
Maker User》羅列 20 至 21 世紀全世
界各地的偉大產品,最有趣的莫過於
他們展示即將在 2025 年上路的全新
倫敦地鐵車廂頭還有設計歷程。

Victoria & Albert Museum

Cromwell Road, London SW7 2RL
⊖ South Kensington
020 7942 2000

@ vamuseum

80 | 新舊建築裡的當代潮流展覽

從時尚、美術、設計一直到流行音樂
文化,常設展或精彩特展都相當有深
度,場館本體更是令人驚豔的建築物,
斜面與玻璃、稜角與流線,後續建造
的這些現代元素與 19 世紀的維多利亞
老風格渾然緊扣,是新與舊交融的完
美呈現,如果逛展逛累了,記得到 John
Madejski Garden 中庭花園坐坐,以及
到 Exhibition Road 上的主入口觀察建築
物上的精雕細琢,滿足藝術迷的需求。

South Kensington & Notting Hill

Books for Cooks

這是一家只賣食譜的書店。每天中午 12 點一到，老闆 Eric 與店內廚師從架上取下一本書，選一道前菜和一道主菜，隨即前往附近的波特貝羅市集尋找食材，回來後準時於 1 點迎接客人，親自試驗世界名廚和美食作家所訂下的紙墨步驟，把菜譜化為有溫度的佳餚，讓書香店舖浸染在四溢鍋氣中。Books for Cooks 是世界第一座以飲食為主題的書店，將近 30 年以來矗立在洋溢繽紛氣息與精緻生活感的倫敦諾丁丘。紅白相間的門面，燙上淡雅金色的招牌字，對街是大名鼎鼎的香料舖，繼續往前走幾步是瓷器店，整條街召喚著全天下的饕客廚師。暖暖的鵝黃燈泡彷彿溫柔烘烤著架上成千本書，讓書香氣味擴散到每一個角落，各式各樣與食物有關的擺飾互不相搭，我卻最喜歡這種凌亂錯落，卻意外配出和諧感的裝飾，曾為法餐主廚的老闆，好像將巴黎老店的溫馨古舊給帶了進來。看著店裡後方的小廚房和櫃檯，我開始想像著平時鬧哄哄的供餐午後，把眼前擺滿書的中央長桌淨空，三五成群的客人擠在一起，被高聳書櫃夾擊，穿插著幾個不用餐只買書的人。這是一個熱衷於收藏食譜的廚師，邀請陌生人來自家書房做客的迷人故事，也是又一個值得體驗的倫敦日常。

4 Blenheim Crescent, London W11 1NN
⊖ Ladbroke Grove
020 7221 1992

@ booksforcookslondon

The Cheese Barge ☞ *P.165*

PART 2

Paddington & Bayswater

The Cleveland Arms

28 Chilworth Street, London W2 6DT
⊖ Paddington
020 7706 1759

@ theclevelandarms
£ ●●○

雕花木天花板、大片窗座位、充滿歷史風味的擺設裝飾、講究的餐盤瓷器，這是一家值得花時間感受氛圍的英式酒吧。酒保與服務生都相當親切，無論是熟客或初次拜訪，他們都熱情招呼及跟你聊天。平日安靜的下午，點一份薯條與朋友喝酒談天，週末午餐是當地家庭牽著狗狗與推著嬰兒車的聚餐聖地，沒有觀光區的喧鬧，只有在地社區的熱度。

83 | Ⓢ 葡萄酒販賣機

Vagabond Wines

相當酷的概念，下載 app、登錄信用卡，面對店內上百種紅白酒販賣機，手機感應，管子隨即流竄出涔涔酒水，容量最小可選擇 25ml，價格僅 £1-2，有趣好玩，花少少的錢嘗試多種酒，最後再選擇喜歡的購買 125ml 或一整瓶。每一台機器都清楚標示了酒的名稱、產地和味覺，我是在去了這裡之後，才對自己喜歡什麼類的酒有比較明確的認識，以後去餐廳點酒也就不容易踩雷了。

Vagabond Paddington
6a Sheldon Square, London W2 6DL
⊖ Paddington
020 4599 8611
☞另有多家分店

@ vagabondwines
£ ●○○

The Cheese Barge

倫敦的運河風景相當多采，船屋可以改成各式各樣的營業場所，而這裡是知名起司餐飲品牌 The Cheese Bar 旗下的亮眼之作，他們極力想推廣英國本土起司，在倫敦各地有可愛的迴轉起司吧、起司專賣舖、起司餐廳等不同的分店。菜單上有任你選擇的 cheese board，其他餐點都融入了英國起司，特別推薦招牌菜 Three Cheese and Onion Pasty，是在英國康沃爾肉餡餅的基礎上做改良，不含任何肉類，烤得香酥的餅皮配上燙口的三種起司內餡，搭配的沾醬則會隨著季節菜單改變，之前有看過自製番茄醬或是突尼西亞辣醬（harissa）。

Sheldon Square, London W2 6DL
⊖ Paddington
07862 001418

@ thecheesebarldn
£ ●●○

Al Waha

整頓晚餐的亮點，其實是自稱21歲的大叔店員 Rakan。最喜歡這種店了，社區裡街角的老餐廳，備受附近移民社群的喜愛，熟客來來往往與店員們打招呼，週六晚上沒訂位想碰運氣？門都沒有，老饕們早已訂好一桌等待時刻一到優雅推門入座。從 Paddington 到 Bayswater 一直延續到 Edgware Road 這一帶，是倫敦著名的中東餐廳聚集地，黎巴嫩、敘利亞、波斯等菜系的館子林立，Al Waha 是黎巴嫩料理，詭異紫色的門面讓人有點猶豫，店內有點不協調的擺設與設計其實不需要太在意，這是那種週末晚上與三五好友吃吃喝喝、談天說地不拍照上傳的溫馨餐廳。鷹嘴豆泥是中東常見的菜，每一家都會做，但 Al Waha 的版本讓人驚艷，芝麻味特別重特別香，搭配碳烤小羊肉碎，層次更加提升。Moutabel 是將整個圓茄拿去烤到焦黑後，外皮除去，軟嫩茄肉打成泥，搭配皮塔餅也是人間美味，不敢吃茄子的人或許可以嘗試看看。羊肉主菜表現得很好，香料醃製地恰到好處，烤得極嫩，整條烤鱸魚搭配的是微辣的番茄洋蔥淋汁，魚肉不會過柴，散發淡淡碳烤味。薯條與 Pilau

75 Westbourne Grove, London W2 4UL
⊖ Bayswater
020 7229 0806

@ alwahalondon
£ ●●○

Rice 是必點的澱粉主食，聽似簡單卻很難煮得完美，他們家做到了。如果你去了，記得找 Rakan 先生，他的幽默會是你晚餐的可愛插曲。

86 | Ⓢ 旅店裡的愜意餐廳

The Pilgrm

The Pilgrm 是改建自維多利亞老房的設計旅店，在融入現代英式設計的元素時，也保留了頗有時代風韻的舊建材。一進門後爬上長長木樓梯，會直接到 2 樓的餐廳區域，想一個人安靜工作的話，可以選擇壁爐前的皮椅雅座，天氣好的話相當推薦走到外面陽台區曬曬暖陽。服務生親切友善，flat white 和拿鐵的拉花品質和味道都不錯，相較之下 filter coffee 就沒這麼優秀了，不過聽說他們家的英式早餐挺精緻好吃的，有興趣的話可以試試看。

25 London Street, Tyburnia, London W2 1HH
⊖ Paddington
020 7667 6000

@ thepilgrm

園藝咖啡店

Clifton Nurseries

Paddington 運河北岸上方是相當寧靜美好的社區 Maida Vale，觀光客通常不太會來這一區，因此是我很喜歡散步騎車的區域。Clifton Nurseries 則是這一片景點沙漠中的綠洲。在英式英文中，nursery 意思是幼稚園，同時也有大型園藝店的意思，彷彿把這些綠植盆栽當做活力充沛又嬌貴慣養的孩子們般照顧著。這家園藝中心成立於 1851 年，歷史相當悠久，雖然據我多年來買植物的經驗，他們的價錢過高，但我還是挺喜歡把這當做小植物園一樣逛逛，而像這樣園藝店的亮點，莫過於跟好友們一起坐下來點壺茶、吃塊蛋糕再各自帶著盎然戰利品回家。

5A Clifton Villas, London W9 2PH
⊖ Warwick Avenue
020 7289 6851

@ cliftonnurseries

PART 3

Marylebone

Paul Rothe & Son

在餐飲業極度競爭、不斷注入商業元素的倫敦，已經很難找到像這樣別具古早人情味的小店。走進百年老字號 Paul Rothe & Son，會發現客人大多是風度翩翩的老先生、老奶奶，或是當地的上班族，從櫃檯櫥窗內的各種食材自己挑選，然後交由熱情開朗的大哥們製作成你喜歡的三明治。牆壁架上堆滿了琳琅滿目的自家果醬、辣醬和漬物，古舊的內部裝潢彷彿將時光停滯，為現代人們封存了老倫敦的迷人記憶。有時候想感受這種時代的溫暖氣息時，我就會來這裡點一份英式冷三明治，靜靜地吃完它，與對桌的西裝紳士們微笑。

35 Marylebone Lane, London W1U 2NN
⊖ Bond Street
020 7935 6783

@ paulrotheandson
£ ●○○

亞洲風味的法式糕點舖

Arôme Bakery

新加坡人跟法國糕點師一起開的烘焙坊，專門推出融合亞洲風味的法式 pastries，每一樣都很好吃！我個人覺得最好吃的是 Miso Bacon Escargot，這個麵包的重點其實在於滿滿的蔥花跟韭蔥，配上淡淡味噌醬和切得小小卻很香的培根，搭配酥脆外皮，既有蔥花麵包的風味，卻創造出更有層次的口感。韭蔥的加入真是一絕，因為英國蔥香氣比較不足，有了風味濃郁的韭蔥做補足後，加上烤過的微焦蔥味，真的非常香。將東南亞和日本的風味融入各種傳統法式麵包或甜點，台灣人吃到會有種既熟悉又驚喜的發現。

27 Duke Street, London W1U 1LE
⊖ Bond Street
☞另有 Covent Garden 分店

@ aromebakerylondon

Marylebone

Daunt Books

曾經有媒體報導 Marylebone 這間 Daunt Books 旗艦店是世界上最美的書店之一，這樣說一點也不 過。1910 年 James Daunt 先生將這棟建築買了下來，更特別的是，「國家」是全店唯一的分類指標，透過文學、社科、政治、童書、科普、攝影集、繪本種種類別的書籍，讓讀者對世界不同文化不同角落都能引發格外興致，地理位置不再是「旅遊書」的唯一標籤。店內是溫暖樸實的橡木裝潢，玻璃天窗篩濾出和暖陽光，讓人在溫柔古味的氛圍下悠閒閱讀。

84 Marylebone High Street, London W1U 4QW
⊖ Baker Street
020 7224 2295

@ dauntbooks

The Conran Shop

傢俱設計師 Terence Conran 在 1973 年創立了第一間居家品牌店，在長子 Jasper Conran 接管經營後，如今全球已有 11 家分店，而 Marylebone 分店的內部寬敞明亮，1、2、3 樓分區明確，從經典大師到新銳品牌，每一個區塊的商品都讓人很難不多看一眼。觀光客自然搬不走傢俱盆栽，但總能買個幾樣生活道具或風格小物當作紀念品。走一趟 Conran Shop，經典名家的椅桌床凳盡收眼底，儼然一座當代傢俱型錄的完美展演。

55 Marylebone High Street, London W1U 5HS
⊖ Baker Street
020 7723 2223

@ theconranshopofficial

Wallace Collection

與其說是美術館，不如說是富豪家族的「收藏品倉庫」，這座喬治亞風格的豪宅是由 19 世紀的赫福特侯爵與華勒斯爵士共同打造，曾為私人博物館，後來經捐贈給政府後開放給民眾免費參觀。館內主要收藏 15 世紀至 19 世紀的美術作品，以及來自 18 世紀法國的各種文物傢俱。非常推薦在附設咖啡廳坐上

一個下午，寧靜祥和的氛圍是大倫敦少能遇見的。

Hertford House, Manchester Square, London W1U 3BN
⊖ Bond Street
020 7563 9500

@ wallacemuseum

Shreeji Newsagent

報紙雜誌舖（newsagent）是相當能代表傳統英國文化的元素之一，踞於街角的小店，顧名思義販售各式報紙、八卦小報、雜誌等，有時候會兼賣飲料和零食，可以說是英版柑仔店。這家老報店經過 Gabriel Chipperfield（名建築師 David Chipperfield 的兒子）的改頭換面，成為咖啡廳、雜誌店、藝廊三合一的

舒適空間。選了一本雜誌後，拿著咖啡到外頭長椅上坐一陣子，曬著太陽、看著 Chiltern Street 人來人往的時髦男女，感受這一街區的新潮氣息。

6 Chiltern Street, London W1U 7PT
⊖ Baker Street
020 7935 5055

@ shreejinews

Marylebone

Le Relais de Venise L'Entrecote

我通常對於排隊名店興致缺缺，但某次讀了篇報導得知有這麼一個囂張的餐廳，全店 365 天都只供應同一個套餐、無法事先訂位、基本排隊時間 40 分鐘起跳，身邊朋友去過後都給了好評，讓我漸漸感興趣。選一個風和日麗的日子，與好友一邊聊天一邊在隊伍中期待等會兒的牛排餐（午餐時段建議 11:40 抵達，12:30 一開門可以首批進入用餐），時間慢慢逼近，從窗外偷偷看見服務生開始籌備的忙碌樣子，她們個個梳包頭、穿著傳統法式酒館的制服，不愧是來自巴黎的 70 年老店。一入座，服務生立即遞上菜單，解釋只提供沙拉加牛排配薯條的唯一選擇，詢問大家要幾分熟。核桃生菜沙拉中規中矩，配上芥末風味的淋醬頗開胃。主角牛排來了，十分推薦粉嫩香腴的 rare（三分熟）程度，不過最讓人驚豔的莫過於那炸得恰到好處的薯條，雖然比一般薯條再細一點，卻不會過乾或過硬，邊緣仍酥脆，薯條體鬆軟又油香噴發，一口接一口。這時候，肉差不多吃完

120 Marylebone Lane, London W1U 2QG
⊖ Bond Street
020 7486 0878

@ lerelaisdeveniseofficial
£ ●●○

了，服務生端著鐵盤和夾子又走過來，為我們上「第二份」主菜，是一模一樣的牛排和薯條，太讓人驚喜，竟然是分批把雙分量的主食送上桌，以確保食物溫度。老實說飽餐一頓後，牛排與上頭淋的醬、再搭配薯條，確實有些油膩，這時就得加點甜品。這裡的每一道甜點都簡單粗暴、平凡美味，非常讓人滿足。推薦烤布蕾（crème brûlée）、義式凍糕佐香橙干邑香甜酒（Le Semi-Freddo Gran Marnier），如果你想嘗試其他種類，可以去他們官網的甜點區看照片點餐。

Cheyne Embankment ☞ P.185

PART 4

Chelsea

文具紙品選物店

Papersmiths

某次工作有幸採訪 Papersmiths 創辦人 Sidonie Warren，她告訴我她極度熱愛紙張及文具，不喜歡使用電子產品，因此常常都得拖很久才回 e-mail。我想唯有這樣的熱忱及純真，才能在數位時代創造屬於紙與筆的一方天地，還能經營地有聲有色。來自歐洲、美國、日本等地的文具品牌一字排開，發光地讓人目不轉睛，每一樣文具都好想帶回家。目前店內絕大多數皆為英國以外的品牌，其中更有高達四分之一為歐盟以外的國家，每次去逛 Papersmiths 總有許多驚喜，很期待它繼續為倫敦這座金融與科技大城提供傳統的紙具溫暖。

170 Pavilion Road, London SW1X 0AW
⊖ Sloane Square
020 7730 3433

@ paper_smiths

96 | 切角有趣的的當代藝廊

Saatchi Gallery

關於薩奇藝廊有不少關鍵字：捧紅動物屍體藝術家 Damien Hirst、創辦人薩奇的前妻為知名電視廚師 Nigella Lawson、座落在傳統高級區 Sloane Square。雖然是商業大亨的藝術收藏之家，但跟大多數的英國博物館一樣，不收門票，是不少當代英國藝術家嶄露頭角的舞台，特展經常觸碰有趣的年輕題材，例如探討自拍文化或是 2023 年世界上最大的街頭塗鴉展等等。或許它的背景「財大」，但「氣粗」可能就見仁見智了，如果去走一遭它所處的切爾西區可以見到許多不同於其他倫敦地段的有趣風景。

Duke of York's HQ, King's Road, London SW3 4RY
⊖ Sloane Square
020 7811 307

@ saatchi_gallery

Albert Bridge

↩ Sloane Square

除了觀光客簇擁的倫敦塔橋（Tower Bridge）之外，Albert Bridge 應該也頗有潛力成為倫敦人氣第二的橋。但或許是因為地理位置的關係，這座橋獲得的關注一直不多，不過我相信如果你在一個晴朗的天氣裡親眼看到它，一定會一眼愛上。彷彿童話故事裡的夢幻風格，配上完全淡雅和諧的色彩，在泰晤士河一排排橋墩中，不至於太過顯眼唐突，卻絕對是很有特色的一座美橋。據說會漆成這樣的顏色，是為了運行在泰晤士河上的船隻好辨認，不會因為有

時天候不佳而撞上。Albert Bridge 建於 19 世紀，聽名字就可以猜到它跟著名的 V&A 博物館一樣，命名來自維多利亞女王的丈夫亞伯特，這座橋的設計當初也是他的想法。有趣的是 150 歲的 Albert Bridge 其實命運多舛，曾經因為結構不穩，多次封橋施工、重新加強，據說如果太多人走上橋，會搖晃不穩，所以今天你還可以看到橋上有個有趣的告示牌：「軍隊行經此橋時，請便步通行。」意思就是軍人們走這座橋時，不用整齊劃步啦，免得踩垮這座橋。Albert Bridge 連結兩個很迷人的區域，

可能都是遊客鮮少會造訪的，一頭是切爾西河岸（Cheyne Embankment），有一整排很美的維多利亞式公寓排屋以及河岸步道，另一頭則是巴特西公園，世界著名的建築事務所 Foster + Partners 就在附近，可以利用 Open House 每年 9 月期間去直擊他們辦公室。這個散步路線應該是好幾次天氣一放晴，我第一個想到的私房散策，逛完後直接散步到 Sloane Square 一帶逛街吃飯，就是一個很舒服的假日行程。

南倫敦
South London

跟你說個冷知識，南倫敦是倫敦五大區裡地鐵站最少的，當然跟它歷史上較缺乏資源有關，另一個原因則是那裡的土壤過於鬆軟，不適合過於開鑿。但可別以為這樣，就錯過探索此區的機會，泰晤士河沿岸的美術館和劇院林立，12 月有 Southbank 聖誕市集，Battersea 發電廠化身時髦購物商場，Brixton 則是加勒比海黑人文化及流行音樂的重鎮。

Millennium Bridge ☞ *P.194*

PART 1

London Bridge & Southwark

Maltby
Street Market

⊖ London Bridge

98 | Ⓢ Ⓛ   鐵橋旁的小市集

如果安排了知名的波羅市場（Borough Market）這個景點，不妨再多走 15 分鐘的路程，來到這裡感受小巧精緻的在地人市集。小小的一條街擠滿帳篷攤位，有小農、各種異國美食、現煎牛排、阿根廷烤肉、墨西哥捲餅等等，一旁的鐵道底下是一間間特色餐廳、咖啡店和麵包坊。WatchHouse 的烘豆場、西班牙酒吧 Bar Tozino、以甜甜圈和馬德連著名的 St. John Bakery。

Tate Modern

Bankside, London SE1 9TG
⊖ Southwark
020 7887 8888
☞另有 Tate Britain 分館

@ tate

發電廠變身藝術中心

巨大發電廠變身為陶冶性情的藝文中心，這絕對是英國人巧手改造老建築的代表之一。渦輪展間（Turbine Hall）時不時會邀請新興藝術家進行表演藝術或展覽，韓國現代汽車 2015 年開始贊助藝術家，為這座倫敦的當代藝術指標注入了不同的文化風貌，週三晚間更有 UNIQLO 舉辦的藝術家工作坊，這座煤力巨獸成為倫敦的藝術蓄能廠，為城市的男男女女提供多采多姿的藝術能量。

100 | 泰晤士河南岸

Southbank

很喜歡在泰晤士河的南岸沿邊散步，也是我來到倫敦的第一個景點。夏天快要結束的時節，趁著開學之前，從東南邊住家搭著火車前往 London Bridge。駛得緩慢的列車滑過碎片大廈的視線，下車後走到泰特美術館（P.193）的前方看河看鴨、看千禧橋（Millennium Bridge），被千禧世代的歡笑聲給包圍，靜靜地沉醉在無憂無邪的薄霧裡。

有南岸中心 Hayward Gallery 的藝術展示、有河水經過、有少年滑板、有海鷗飛舞、有小孩奔跑，還記得 Honest Burger 分店的那枚優秀漢堡，年末還有聖誕集市沸騰。一座城市總有幾個地方，裝載著很重要的回憶，倫敦南岸對我來說就有如此地位。

⊖ Southwark / London Bridge

101 | 葡式熱炒餐酒館

Bar Douro

雖然 Bar Douro 後來開了分店,但我最喜歡的還是位於鐵路拱道下 Flat Iron 美食廣場的這家本店。狹長的吧台區是供應酒水飲料以及鐵板出菜的一線區域,讓你坐在高高的椅子上欣賞葡式熱炒的豪氣與優雅。店內一大面藍瓷花磚喚起大西洋記憶,桌上一道道葡萄牙名菜散發鹹香氣息:烤章魚、鹽醃鱈魚 bacalhau、辣味燉豬肉

Bifana 等等,記得請服務生 你選一瓶來自葡萄牙的好酒,十分推薦澄澈清新的葡萄牙「綠酒」Vinho Verde,與調味稍重的海鮮最對味。

Arch 35B 85B Southwark Bridge Road
London, SE1 0NQ
⊖ Southwark
020 7378 0524

@ bardouro
£ ●●○

Flour & Grape

Lobos Tapas & Meat

Flour & Grape

Bermondsey 這條街是隱藏許多好店的餐廳，Flour & Grape 是其中平價又美味的義大利麵店。某一次路過，透過玻璃看到在廚房內認真擀麵的廚師，看著平日晚上絡繹不絕的客人，便把它記了下來。後來找了同事朋友一起聚餐，真是沒讓人失望，每一道前菜和義大利麵的分量適中，價格合理，很適合三五好友點一桌子菜分享共食。

214 Bermondsey Street, London SE1 3TQ
⊖ London Bridge

@ flourandgrape
£ ●●○

Lobos Tapas & Meat

倫敦橋一帶聚集了不少西班牙酒館，Lobos 是相對好訂位、又能舒服坐著享受美食的選擇。隱藏在鐵路拱道底下，兩層樓的餐廳其實面積不大，多數座位小小窄窄的，燈光昏黃，但服務生與廚師們的熱情能將這股幽暗給擊退。如果不介意吸一點油煙，建議坐在看得到開放式廚房的位子，望著清一色來自西班牙的廚師們，俐落地握著鑄鐵平底鍋，將一道道煎烤得鹹香的章魚、大蝦、豬排送入盤裡。如果對菜色不瞭解，建議就讓店員推薦吧，把心思留給品嘗美食和觀賞廚藝。

14 Borough High Street, London SE1 9QG
⊖ London Bridge
020 7407 5361

@ lobostapas
£ ●●○

PART 2

Greenwich

Goddards at Greenwich

Greenwich Market

縱觀倫敦錯綜複雜的大眾交通系統，河岸輕軌 DLR（Docklands Light Railway）絕對可以排上我的前三名，可能因為我曾住在這一區近 3 年的時間，可能也因為曾住在木柵 5 年的我一直會聯想到台北的文湖線。格林威治這一區剛好就有兩站 DLR，自從搬離東倫敦之後，每一次回到這一區我都喜歡從倫敦金融城 Canary Wharf 站轉乘輕軌，選一個車頭位置，在高架軌道上往窗外欣賞這個一點都不像倫敦的有趣區域，高聳林立的玻璃帷幕大樓、豪宅和銀行總部，雖然沒有任何觀光景點，卻是一個體驗倫敦新與舊並存的最好經驗。到了格林威治後，可以先在週末市集 Greenwich Market 飽餐一頓，有一家販賣古巴三明治的攤位特別好吃，市集內則有一家我每一次必買的手工 fudge 巧克力。爬上格林威治公園的小山丘眺望倫敦金融城的天際線、春季有成排櫻花樹、秋季則有成區的黃金銀杏林，不遠處的英國皇家海軍學院（Royal Naval College）也是個值得拍照的好景點。如果懷著一顆勇於嘗試的心，

可以到傳統英式肉派店舖 Goddard's 點一盤 jellied eel，也就是人稱英國暗黑料理的鰻魚凍。我對海味和淡淡魚腥接受度很高，荷蘭的生鯡魚和台灣海產店的鯊魚煙這類食物我都非常喜歡，如果你也跟我相同，推薦你嘗試看看鰻魚凍。鰻魚高湯做成肉凍後與大塊大塊的鰻魚一同下肚，冰冰涼涼的口感配上酸爽醋汁，是個相當有趣的體驗。

⊖ Cutty Sark

Greenwich Market
5B Greenwich Market, London SE10 9HZ
020 8269 5096
@ greenwichmarket

The Fudge Patch
7 Greenwich Market, London SE10 9HZ
@ thefudgepatch

Goddards at Greenwich
22 King William Walk, London SE10 9HU
020 8305 9612
£ ●○○

PART 3

Battersea, Brixton & Vauxhall

Battersea Power Station

Pink Floyd 飛天豬專輯的封面主角成為了購物商場,更驚人的是,將近一百年前這是一座發電廠,真是不得不佩服英國人將老建物翻新的決心及美感哲學。如今泰晤士河南岸已有兩個電廠改造活化後的成功案例,另一個當然就是鼎鼎大名的泰特美術館 Tate Modern(P.193)。巴特西發電廠是由馬來西亞建商出資的大型建案,結合購物中心、辦公室(蘋果倫敦總部)、以及高級住宅,耗時 8 年終於在 2022 年秋天完工開幕。場館內保留非常多發電廠原有的建築細節和風貌,暴露的鋼樑與經過修復的磚瓦牆面,搭配明亮光潔的玻璃店舖,作為大型百貨商場,卻好似古蹟遊樂場,大人小孩都能逛得開心,就連狗狗也能帶進去,完全是現代購物逛街的進步指標。

Circus Road West, Nine Elms, London SW11 8AL
⊖ Battersea Power Station
020 8176 6500

@ batterseapwrstn

Brixton Village & Market Row

色彩斑斕的印花織品、紅紅火火的碳香烤雞、騷動不安的南邊氣息、當然還有超大型大衛鮑伊壁畫這個朝聖地，Brixton 曾是倫敦治安極差的一區，如今成了音樂人藝術家集散地，也是回顧倫敦黑人歷史的重要學習地標。圓拱形的商店街 Brixton Village 高懸世界各國的國旗，加勒比海島國、西非沿岸風情，五花八門的繽紛文化在這裡一一齊放。Rachel and Malika's 引進來自塞內加爾和布吉納法索等地的織品家飾、Cornercopia 是選品名店、African Queen Fabrics 以非洲花布直搗眼球、外頭的 Fish, Wings and Tings 點一份烤雞 Jerk Chicken，讓舌尖味蕾被辛香辣味狠狠征服。

Unit 74 Coldharbour Lane, London SW9 8PS
⊖ Brixton
020 7274 2990

菲律賓糕點咖啡店

Kapihan

即便在倫敦生活了幾年，仍然常常被她所吸納的文化風貌給深深震驚。自從某次在住家附近吃到令人驚豔的菲律賓菜後，就此開啟我對這個離台灣似近忽遠的國度的各種好奇想像，也促成了我特地跨過河岸，前往南邊 Battersea 公園西側的 Kapihan。店名取自菲律賓官方語言「他加祿語」，意思是咖啡店，唸起來跟台語的「ka-pi」有異曲同工之妙，實在很有趣。二代移民的三個兄弟姐妹共同經營，專賣菲律賓傳統糕點和麵包，pandesal 是帶點鹹味的奶油麵包；pan de coco 是融入班蘭葉的傳統椰子麵包，咖啡菜單則琳琅滿目提供非常道地的菲國式喝法，豆子則全數由菲律賓進口，為倫敦咖啡光景樹立全新的一面南洋旗幟。

547 Battersea Park Road, London SW11 3BL
🚇 Clapham Junction
07482 023046

@ k_a_p_i_h_a_n

| 108 | 葡萄牙餐館 |

A Toca

西南邊有個小葡萄牙社區，整條街都散發著大西洋東側歐國的鹹香氣息。葡萄牙美食一直是我心目中最好吃的歐洲菜系，因此某次偶然讀到了一篇專題報導，知道倫敦竟然有個「小葡萄牙」。選的這家 A Toca 是身旁許多朋友讚不絕口的，一踏入餐廳真的讓人想起了里斯本家庭式餐館，看起來很忙碌的服務生其實很照顧每一桌客人，食物的分量都很慷慨，各種葡萄牙傳統菜色應有盡有，就連前菜的麵包和起司都不馬虎。來到葡萄牙餐廳，章魚沙拉、酥炸鱈魚球、各種烤肉這些是必點菜色，如果多人一起分享，非常推薦頗有台灣鹹粥風情的葡萄牙海鮮飯，其他的就留待你與親切服務生的交流，讓他們為你一一道來了。

341 Wandsworth Road, London SW8 2JH
⊖ Nine Elms
020 7627 2919

£ ●●○

Battersea, Brixton & Vauxhall

Tea House Theatre

推開大門前會先被大大的 No Coffee 給吸引，是的，擺明告訴你這裡只泡茶不沖咖啡，供應各式各樣傳統的英國輕食、糕點和琳琅滿目的茶葉。在倫敦我其實鮮少看見英國人熱衷於英式下午茶，走進知名飯店的下午茶廳，坐的幾乎是外國人，不過像這樣的古典小茶屋，卻能吸引不少英國人，因為在新潮餐廳林立的大倫敦，這類型的傳統下午茶店已經很少見了。古舊的老木桌椅散落在餐廳各處，多餘的木椅子就隨性交疊在門口處，店貓 Maggie 會時不時跳在上頭欣賞客人大口咬蛋糕、優雅啜茶的模樣，來來往往的服務生笑容可掬，會經常到桌邊詢問餐點狀況，來這的客人幾乎是輕鬆悠閒地坐上一個下午，三兩壺茶下肚，流瀉時光。最賞心悅目的，莫過於一個個茶壺上套起的針織小毛衣，是古代英國人的保溫智慧，英文叫做 tea cosy。兩枚葡萄乾司康搭配自選一壺茶是漂亮的 £9，現烤的香氣逼人，一上桌被它的尺寸給嚇了一跳，附上的果醬與德文郡奶油（clotted cream）的分量也十分慷慨，用刀切開或以手掰成一半，豪邁地塗上奶油和果

139 Vauxhall Walk, London SE11 5HL
⊖ Vauxhall
020 7207 4585

@ teahousetheatre
£ ●○○

醬，大口大口咬下，這是我最喜歡的下午茶時光。每日蛋糕一個個擺在餐廳各個木桌上，若不確定口味，可以走一圈近一點看看它們的模樣，如果對英式蛋糕不是這麼熟悉，店員也會十分熱情地介紹。那天正好坐在晚上作為表演空間的小舞台上，映著斜陽光影，在高處俯視全店客人們的一舉一動，下棋的小男孩、好友相聚的撲克牌時光、老夫婦典雅地倒茶、大叔激動地與友人談天說地，在老傢俱的木質紋理與天光照射之間，彷彿可以看見時間流動的痕跡，這是間用茶把生活沏慢的靈魂好店。

PART 4

Richmond & Kew

Richmond Riverside

Ham House

Richmond

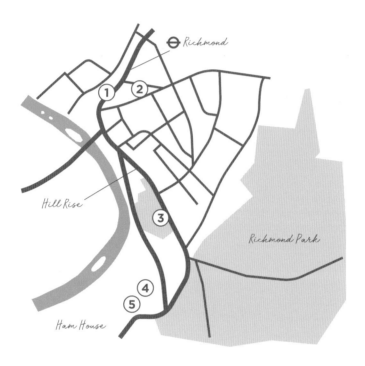

善於探索綠植樹木的作家 Paul Wood 以《倫敦是一座森林》這麼大膽的標題，用一本書的篇幅談倫敦各處步道、樹林野地、公園花圃以及豐富驚人的自然知識，「這座城市擁有超過 800 萬棵樹木，已經符合聯合國對於森林的定義。」乍聽有點像是強辯，仔細想想並融合自己生活的經驗，真的是如此啊。大大小小的綠地散落於城市各處，俯瞰整座倫敦幾乎一片矮房，與其他國際都市如東京、紐約或香港相比，超過 150 公尺的高樓大廈才 30 餘棟，數量低得驚人。少了玻璃帷幕與挺拔鋼骨的阻撓，給了倫敦一片廣袤遼遠的風景。青翠迎人的網絡從四面八方蔓延開來，植物花草與野生動物是這片綠網的迷人點綴，不同形式的「森林」豐富了踏青健行和郊遊野餐的選項，讓人們無意識之間身處於大自然的懷抱。打開 Google Maps 去看看那些綠地的

名字非常有趣，heath 荒野、wetland 溼地、garden 花園、royal park 皇家公園、fields 原野、woodland 林地、common 共有地，每一個都反映了英國獨有的歷史文化與生態系統。倫敦西南方郊區的 Richmond 便是很好入門的週末桃花源。

☞ **Follow me**

從 Richmond 站出來，先去❶ The Prince's Head 喝一杯，咖啡迷則不能錯過❷ Kiss the hippo 的手沖；往南走沿著河濱步道散步，途中如果經過 Hill Rise 記得繞上去逛逛一成排漂亮小店；同一條路繼續走，會經過一個能俯瞰 Richmond Park 公園的制高點❸ Richmond Hill-Viewing Point；接著便可以直接進入公園內尋找野生鹿群的蹤跡，不過跟日本奈良不同，這裡的鹿不可觸摸和餵食，記得尊重當地的野生動物禮儀。結束後若想要小歇一下，可以到❹ Petersham Nurseries 體驗園藝店結合茶室的英式傳統❺ Petersham Nurseries Teahouse。若想繼續探索這一區域，非常推薦繼續沿著河堤往南走抵達 Ham House，華美的古蹟豪宅保存得相當好。天氣晴朗之時，在這一路線你能看見最有英國風情的家庭畫面，一家大小與嬰兒車和狗兒成群結隊，停下來在冰淇淋車旁舔著冰涼霜意休憩，坐在大樹林蔭下開一瓶香檳、吃著小巧三明治或肉派野餐，河岸邊還有泛舟租借教學站點，若想乘在泰晤士河上逆光航行，更有隨招隨停的可愛渡輪。不同時節可以在沿途看見應景花卉，春天有風鈴草、小牡丹，夏季有薰衣草和接骨木花，附近農場的馬兒牛隻低頭嚼草的畫面又是另一檔療癒節目。

110

皇家植物園

Kew Gardens

Richmond 前一站便是舉世聞名的 Kew Gardens，也就是英國皇家植物園邱園。建於 1772 年，占地 300 公頃，並擁有超過 30000 種植物花卉，是假日郊遊踏青的好去處，美麗的維多利亞風玻璃溫室是園區亮點。前幾年更設立了由英國藝術家 Wolfgang Buttress 打造的巨型仿蜂巢裝置藝術 The Hive，聖誕節點燈儀式也是另一個熱門風光，整個園區處處是驚喜和迷人的景致。若想觀賞花卉建議春天前往，秋天則有橙紅景色，夏季則有一年一度開放民眾將單車騎進去的 Summer Cycle 活動。

⊕ Kew Gardens
020 8332 5655

The Rackteer ☞ *P.235*

北倫敦

North London

身為北倫敦的資深住民，我必須為它說幾句話。如果你是熱愛感受在地氣息的旅人，千萬不可以草草跳過這個區域，它或許沒有讓人為之驚歎的地標，但絕對有充滿倫敦味的街道社區。充滿英式老宅府的 Hampstead 與 Highgate，我總戲稱為倫敦陽明山，是明星和足球員的心水之選；Angel 和 Islington 之間地鐵站設得不多，但巷弄間總藏著不少在地人的私房好店。

Primrose Hill ☞ *P.226*

PART 1

Primrose Hill & St. John's Wood

111

希臘家庭餐廳

Lemonia

這裡是當地居民死守在心裡的口袋名單，在觀光量負載的倫敦城裡，像這樣充滿家庭感及生活溫度的餐廳已經不多了。週末午後，如果踩著斜陽前往 Primrose Hill 的路上，你一定會被 Lemonia 的人聲鼎沸給吸引，招牌上的鮮綠底配以亮黃復古字，菜單上是琳瑯滿目的希臘佳餚，店內清一色是老爺爺的服務生為客人上菜（他們出菜速度本來就很快，千萬別以為是在

趕你），頗有地中海度假小鎮的既視感。平日午餐供應 £17.50 的超值套餐，額外點杯白酒下肚，待會就可以酒酣耳熱地躺在公園裡睡午覺。

89 Regent's Park Road, London NW1 8UY
⊖ Chalk Farm
020 7586 7454

£ ●●○

Primrose Hill

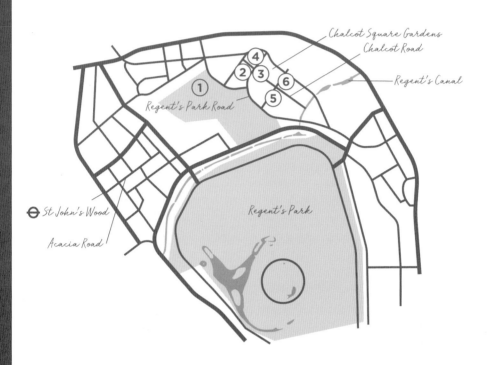

櫻草花丘，這名字多好聽啊。小小一片綠地就棲身於偌大的攝政公園（Regent's Park）後面，距離鬧哄哄的肯頓區（Camden）不遠，自成一格清幽天地，林蔭街巷、水天運河，這是倫敦房價最貴的地段之一，也是許多人夢寐以求的樂園，尤其是 Chalcot Square Gardens 這一小廣場，四周環繞繽彩屋舍，是一個散步閒晃和觀察倫敦在地人生活的秘境。爬上稍微隆起的櫻草花小丘，可以帶張野餐巾、備妥酒水飲料和零食，在徐徐涼風下的悠閒小憩，望著遛狗玩耍的當地居民、俯瞰倫敦市中心景色，這也是我最常度過的週日午後。

☞ **Follow me**

從起點 St John's Wood 地鐵站，沿著 Acacia Road 走向 ❶ Primrose Hill，登上 78 公尺高的小小丘頂欣賞倫敦各種有趣的高樓大廈，接著沿 Regent's Park Road 散步，希臘菜餐廳 ❷ Lemonia（P.224）、櫥窗相當吸引人的酒品專賣店 ❸ Bottle Apostle、很棒的早午餐店 ❹ Greenberry Cafe，隨後繞到 Chalcot Road 展開另一道風景，深受當地居民喜歡的早午餐咖啡館 ❺ Sam's Cafe 和酒吧 ❻ The Princess of Wales。無論你選擇在哪處飽餐一頓，記得順著 Regent's Canal 運河，往南可以走入 Regent's Park 繼續踏青，往北也可以朝 Camden 方向逛市集。

PART 2

King's Cross & Camden

Words on the Water

倫敦時落陣雨，在水上開一家書店，光想就讓人頭痛，不過卻讓店主 Jonathan Privett 做到了，從原先在攝政運河上四處漂流，到後來固定泊於一地，11 年來成為愛書人眼中的倫敦傳奇。充滿歲月痕跡的老駁船是二手書堆的避風港，從兒童繪本、當代小說、經典文學、攝影書、社評著作等應有盡有，船外攤位擺滿當季新書，踏進船內，略帶潮溼的氣味與書香撲鼻而來，民俗風地毯、棗紅色皮沙發、復古打字機、木雕、佛像等老件搭築出一個既違和又相襯的空間。走到船的盡頭，柴燒的火爐讓人再一次掉入時光漩渦，接著忽然被一旁的鸚鵡驚醒：「See you later」牠會對客人這麼說。我曾問 Jonathan 住得離船屋遠不遠，他指著這艘連張彈簧床都沒有的小船說：「我就住這」，我隱藏起驚訝的表情，心裡更加佩服這位願意天天與書同眠的大叔。

Regent's Canal Towpath, London N1C 4LW
⊖ King's Cross
07976 886982

@ word_on_the_water

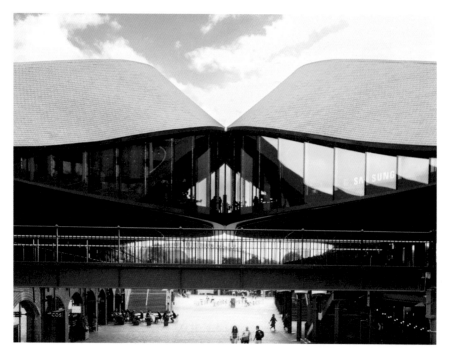

| 老工業區翻新的潮流園區

Coal Drop's Yard

英國鬼才建築師海澤維克把維多利亞時代煤礦運輸的中繼倉庫，改建成潮流服飾、風格選品、餐廳美食的集散地。像鋼翼般的屋頂向兩旁展翅，兩層樓的成排小店餐廳隱身於完整保留的老磚倉儲建築，首推 COS 宛如藝廊空間的旗艦店、幫助更生人重建第二人生的咖啡廳 Redemption Roasters、英國本土男裝 Universal Works、倫敦香氛品牌 Earl of East、丹麥雨衣和防水背包品牌 RAINS、好吃的三明治店 Sons + Daughters、充滿未來感的超大三星中心、以及週末登場的 Lower Stable Market，不遠處的 Granary Square 則是倫敦藝術大學中央聖馬丁校區、人氣早午餐店 Caravan 還有最新開幕的英國酷兒博物館 Queer Britain。逛累了還可以到附近運河旁的階梯上曬曬太陽，沿著河岸走道往東去 Angel、往西可以到 Camden。

Stable Street, London N1C 4DQ
⊖ King's Cross
020 3664 0200

@ coaldropsyard

Coal Drop's Yard

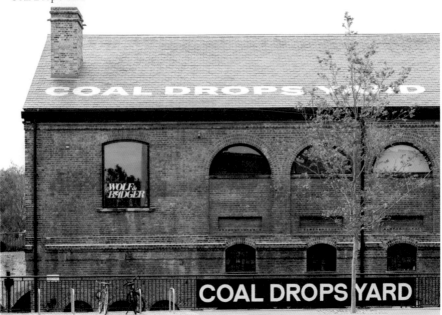

Coal Drop's Yard

Asakusa

尋尋覓覓許久，才終於在倫敦找到一家價格合理、氣氛道地的居酒屋。一走進去店裡，彷彿一腳踏入了日本巷弄，暖燈、布簾、牆上的毛筆字菜單、吧檯後的老師傅，空氣中瀰漫著的燒烤香，耳裡似曾相識的 JPOP 轟炸。 先叫了一組三杯的清酒，一道道炸物和烤串接連送來。炸手羽和唐揚調味很好，外皮薄脆，一咬下去多汁。炸蝦天婦羅的麵衣有空氣感，內裏的蝦甜美。選擇多樣的烤串在倫敦難能可貴，烤雞胗、烤雞心、烤雞肉丸、雞腿串都在水準之上。味噌茄子 (Nasu Dengaku) 是我每次去居酒屋必點的，鹹香厚重的味噌醬配上多汁滑軟的茄子肉，很下酒。最讓人經驗的則是那碗熱呼呼的豆皮湯烏龍，麵體口感很好，湯底清澈卻豐醇。氣氛好、有時光感、價格合理、居酒屋經典食物的表現都不錯，這座倫敦小淺草，滿足了我們暫時無法飛往東北亞的旅愁。

265 Eversholt Street, London NW1 1BA
⊖ Mornington Crescent
020 7388 8533

@ asakusa.london

£ ●●●○

The Racketeer

星期五的晚上，我跟朋友從天光尚亮的 20:30 一路喝到午夜 12 點，The Racketeer 所在的整條大街沒有喝酒鬧事的人們、沒有亂撒尿的大叔、沒有讓人感到不安的滋事分子，酒吧裡氣氛輕鬆融洽，服務生幽默風趣，外表乍看是一間 pub，仔細研究酒單才發現是很認真的雞尾酒吧，不過想喝啤酒當然也是應有盡有，唯一美中不足的就是他們沒有供應熟食，不過幸好不遠處就有一家泰菜、一家越式小館、還有港式點心。最喜歡的就是他們有一系列可以兩人分享的調酒組合，那天點了飄散淡淡楓糖香的濃烈 Coal Drop 口味，插進冰桶的玻璃瓶分量頗多，足以讓我們一人喝了兩杯，隨後我們又各自點了適合那天熱浪氣息的水果味調酒，一邊看著天色逐漸轉暗，一邊酒酣耳熱，一邊聊天說笑，The Racketeer 絕對是會想要一來再來，帶朋友歡聚、跟同事拉近距離的完美酒吧。明明離鬧哄哄及治安不佳的國王十字車站一帶很近，但這一條路卻意外地讓人感到平靜安心，卻也不會過於死寂。噢對了，

105 King's Road, London WC1X 9LR
⊖ King's Cross St. Pancras
020 7278 2261

@ racketeerlondon
£ ●●○

雖然 Google Maps 上的名字是 The Racketeer，但因為他們是承接了 19 世紀老 pub 的店面，The Carpenters Arms 字樣的招牌也沒改，更增加了這家漂亮酒吧的神秘感。

The Hill Garden and Pergola ☞ *P.240*

PART 3

Hampstead

Lanka

9 Goldhurst Terrace, South Hampstead,
London NW6 3HX
⊖ Finchley Road
020 7625 3366

@ lanka_uk

外帶一份日式甜點

我家社區的日式甜點名店，爽朗的日本大叔主廚喜歡從地下室廚房端著一整盤新鮮出爐的蛋糕，向 1 樓客人招搖銷售，「新鮮的哦，要不要來一塊」，原本你只想來買個抹茶草莓蛋糕，結果魂一被牽走後轉神就提著一袋滿滿的各種蛋糕。買完後，可以參照 P.240 的散步路線，小小爬坡沿途欣賞倫敦西北豪宅區的風景，天氣好時可以在 the Heath 荒野就地野餐。

Jin Kichi

73 Heath Street, London NW3 6UG
⊖ Hampstead
020 7794 6158

@ jinkichi.restaurant

£ ●●○

117 | ⑤　日本人認證的日本料理店

在倫敦，很可惜居酒屋並不是這麼普遍。住在這裡幾年後，向日本人打聽看看他們有沒有什麼口袋名單。不少人的推薦是 Jin Kichi。一進門先被濃濃的碳烤香療癒了一番，如果坐在吧台區可以觀賞師傅捏握壽司的畫面，日語入耳，刺身、烤物和炸物的表現都非常好，尤其最簡單的一碗湯烏龍都在水準之上，想念日本時，這是個能安心遁逃、好好飲酒大啖的快樂天地。

Hampstead Heath

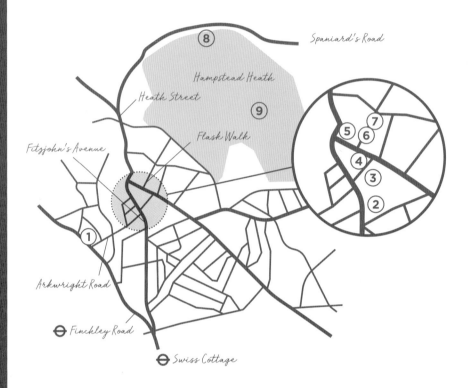

還記得以前在台灣經常聽到「萬坪公園」這種誇大的建案廣告詞，現在住在倫敦西北區，步行 20 分鐘處就是 Hampstead Heath「百萬」坪森林公園，俗稱 the Heath。它不如海德公園、攝政公園或聖詹姆士公園般有王室冠名，中文翻成了「荒野」，極為貼切，原文的 heath 就是指一大片未經開沃、雜草叢生的荒廢之地。那裡有座

小山丘 Parliament Hill 可以遠眺倫敦市景，有個 120 年前某位勳爵建造的花園 The Hill Garden and Pergola，還有 17 世紀的大宅府 Kenwood House，三座湖 pond 和一座露天游泳池 lido 又是另一場風景。天氣晴朗時，草地乾爽，若是前一夜剛下過雨，也別有一番樂趣。身穿帥氣 Barbour 夾克和雨靴的小孩子在泥地中玩耍，全身髒兮兮。狗狗

們跳進池塘打滾一番，用受到保護的雙腳壓碾過溼潤黏滑的泥地，活力與生氣擴散蔓延，這片荒野其實一點也不空墟荒廢，一年四季都有它喧囂熱鬧的一面。

☞ **Follow me**

從 Finchley Road 地鐵站出發，沿著 Arkwright Road 往上走，這段坡度有點陡不過沿路風景相當好，一開始會先遇到❶ Camden Art Centre 這個小而巧的藝廊，接著整條路都是此區各種獨棟房宅，兩三百年的歷史老屋當中不少是英國明星和足球員的家。遇到主要馬路 Fitzjohn's Avenue 後左轉，直接

前往小巷弄 Perrin's Court，在❷ Ginger & White 點杯 flat white 補充體力，接著進入另一個小巷 Oriel Place，在❸ Melrose & Morgan 挖寶各式各樣有趣的英國果醬以及他們招牌的米白底大紅字帆布袋，到❹ mary's living & giving shop 體驗非常英式的慈善二手店購物，走出來後對街的 Flask Walk 一樣別有洞天，窄窄一條巷有許多精彩店家。❺ Keith Fawkes 書店的外頭總是擺賣古董傢俱和瓷器，往前走有味道濃郁的義式冰淇淋❻ Oddono's、可愛園藝店、以及很漂亮的酒吧❼ The Flask。結束後沿著 Heath Street 往上走向 Hampstead Heath，可以往西邊走向 The Hill Garden and Pergola；亦可以往北沿 Spaniard's Road 走向大宅府❽ Kenwood House，5 月份有美麗的繡球花景；如果往東穿過森林及原野，會抵達觀景小丘❾ Parliament Hill Viewpoint。離開荒野，往南走向 Belsize Lane 有個小小社區，各種充滿在地氣息的店家再度成為旅行風景。如需搭地鐵離開此區，可以順路走到 Swiss Cottage。

Le Sacré Coeur ☞ P.247

TRADITIONAL FRENCH BISTR

PART 4

Angel & Islington

Present & Correct

Camden Passage

Present & Correct

在文具迷世界小有名氣的 Present & Correct，或許是因為極具對稱美的 IG 貼文而聞名，不過就在我知道他們之前，是某一次在那附近散步偶然巧遇的。從我很喜歡的 Exmouth Market 區域吃完飯後，沿著 Rosebury Avenue 往 Angel 的方向一路行走，穿過幾個小公園後彎進小巷 Arlington Way，邂逅了看似不起眼卻很吸引人的這間文具舖。坪數不大的店面充滿著來自世界各國的設計選物，也有不少由店主到處旅遊蒐集的古董物件，因此不少商品都是期間限定，算是老闆帶回來的那一批旅遊紀念品賣完就沒了。色調淡雅的商品整整齊齊地陳列，店內彷彿散發著奶油般舒服的和諧氣韻，讓人沉浸在這一個文具天堂內。

23 Arlington Way, London EC1R 1UY
⊖ Angel
020 7278 2460

@ presentandcorrect

Camden Passage

天氣好的週六下午，每一次到 Angel 逛街時，總喜歡繞到大街後的這條小路，一連串咖啡館、餐廳、食材行、服飾店充滿了在地生活感的熱鬧氣息，然後再沿著窄窄的 Camden Passage 瀏覽各式各樣的古董攤販和小店。我不是特別熱衷於購買古董老物，所以倫敦幾個比較大型的市集對我來說通常有點太過於琳琅滿目，如果你像我一樣只是想感受一下氛圍，這一個每週三和週六開張的小市集就很適合，平日也可以去逛逛那兩排古董店。二手書、復古海報、老銀器、高級瓷器等等，各種在時代淘選後仍屹立不搖的好物件，是個小而巧的可愛市集。

1 Camden Passage, London N1 8EA
⊖ Angel
07463 557899

@ camden_passage_islington

Katsute 100

老昭和喫茶文化包裹在英國喬治風格倫敦民宅，剛好就在古董小市集街 Camden Passage 的入口，Katsute 100 店內以古董木傢俱做為主擺設，搭配頗有 William Morris 風格的花壁紙，櫃檯的小冰箱內擺滿當日甜點，一旁的寬木階梯是一支支清酒，另一邊則有漂亮的木櫥櫃展示各種日本茶具，走進去 1 樓內有個小沙龍座位區，外頭花園區是我最喜歡的地方，清幽愜意，適合與三五好友談天說地一整個下午。讀了幾篇駐倫敦的日本部落客的文章，不少人都認為店內裝潢和用餐品質很日本，不過我一查資料才知道，老闆是同時在附近擁有另一間日料店的英國人，他在店內設計和餐點上都下足功夫，真是不簡單。

100 Islington High Street, London N1 8EG
⊖ Angel
020 7354 8395

@ katsute100
£ ●○○

121 | Ⓢ Ⓛ　　　隨意小憩的法式餐酒館

Le Sacre Coeur

從 Highbury & Islington 車站出來，沿著 Upper Street 一路散步，再悄悄彎進 Theberton Street，全都是看起來很不錯的餐酒館，也有幾家價位漂亮的法式小餐廳，會讓人聯想起巴黎寧靜小社區。那天選了 Le Sacre Coeur 跟剛認識不久的幾位朋友聚餐，同時店內還有幾桌似乎是熟客和住附近的老先生老奶奶，這是一家適合覥腆相談、亦適合酒酣暢聊的可愛餐廳。午間套餐只要不到 20 英鎊，奶油淡菜、紅酒燉牛肉、烤布蕾這類法式 bistro 的經典菜都表現得不錯，結束後附近有不少咖啡廳和甜點店可以延續午後陽光風情。

18 Theberton Street, London N1 0QX
↝ Angel
020 7354 2618

@ lesacrecoeurfrenchbistro
£ ●●○

適合靜心小坐的咖啡店

High Ground Coffee

每個裝潢細節和店裡的格局都讓人會心一笑，加上暖陽光線的陪襯，以及罕見的禁止使用筆電的規定，讓這個坪數不大的空間讓人感到舒適自在、毫無壓迫。店內一半賣酒，是時下流行的各種自然酒，另一半自然是咖啡師吧台，店員親切無比、手腳俐落，flat white 的奶味與豆香平衡地恰到好處，側耳聽到熟客們也紛紛讚賞這裡的手沖和拿鐵，看來是個已經做出口碑的社區小店。鵝黃搭配淺淺的藻綠，我最欣賞的內裝色調，吊燈的細節也很讚，好美好美，老木大門太有風韻，COFFEE & WINE 的潔白印字就是會把你引了進去，一切都很合宜。Islington Upper Street 是一個超好逛的迷人小區，如果有經過，記得買杯咖啡坐一下，順便跟店員聊聊酒，讓心靈微醺。

286 Upper Street, London N1 2TZ
↩ Angel

@ highgroundn1

露出羊駝笑容的 pub

The Alpaca

在網路上的評論裡看見一句話:「這裡的食物令你掛上羊駝般的笑容。」真是有趣的説法。老闆將酒吧取名「羊駝」以及在窗上和外牆上各種可愛插畫,背後的原因不知道,但可以確定的是,這還真是會提振你心情的一家 pub。附近居民大力推薦星期天供應的 Sunday Roast,有牛肉、羊排及脆皮豬肉三種選項。將約克夏布丁切一大塊下來,佐醬汁、一塊肉、一點蔬菜,一次送進嘴裡,這是英國人週末偶爾一次的罪惡美食享受。在傳統甜點上作出變化,頗有台灣古早味蛋糕感覺的板油布丁佐卡士達醬,蛋糕體 suet pudding 外頭裹了一層蜜糖,搭配熱熱的濃郁卡士達,兩三個人分享剛剛好(steamed syrup suet pudding with custard),讓我驚艷的英式甜品。

84-86 Essex Road, London N1 8LU
⊖ Essex Road
0203 417 7224

@ thealpacaislington
£ ●●○

亞洲胃
的集散地

從四川菜到維吾爾菜，從陝西菜到泰國東北菜，從港式飲茶到日式生魚片丼飯，從韓國城到唐人街，倫敦各種亞洲餐館十分多樣，如果你在旅遊期間想念那些味蕾熟悉的風味，不妨參考以下清單。

124	爆汁生煎包
	Ye Ye Dumplings

58 Wentworth Street, London E1 7AL
⊖ Aldgate East

@ yeye.restaurant

£ ●○○

125	郊區小韓國城，整條街韓國烤肉
	New Malden
	倫敦唯一刨冰店
	Cake & Bingsoo Cafe

39 High Street, New Malden KT3 4BY
⊖ New Malden

@ bingsoocafe

£ ●●○

126	要抽號碼牌的道地港式點心
	Royal China

24-26 Baker Street, London W1U 3BZ
⊖ Baker Street

£ ●●○

127	陝西油潑麵與口水雞
	Biang Biang Noodles

62 Wentworth Street, London E1 7AL

⊖ Aldgate East

@ xianbiangbiangnoodles

£ ●○○

128	平價好吃的海鮮丼飯
	Kampai

127A Hammersmith Road, London W14 0QL

⊖ Kensington

@ kampaisushibar

£ ●○○

129	湯頭濃郁的拉麵
	Monohon Ramen

102 Old Street, London EC1V 9AY

⊖ Old Street

@ monohonramen

£ ●○○

130	香辣維吾爾大盤雞與孜然羊肉
	Karamay Uyghur Kitchen

14 New London Street, London EC3R 7NA

⊖ Tower Hill

@ karamay_uk

£ ●●○

131	越南烤豬肉米線和炸大腸
	Hoa Sen Restaurant

22 Drury Lane, London WC2B 5RH

⊖ Holborn

@ hoa_sen_london

£ ●●○

132	小小的港式點心小館
	Dim Sum Duck

124 King's Cross Road, London WC1X 9DS

⊖ King's Cross St. Pancras

@ dimsumandduck

£ ●○○

133	新潮的平價香港燒臘飯
	Three Uncle 三叔

12 Devonshire Row, London EC2M 4RH

⊖ Liverpool Street

@ three.uncles

£ ●○○

134	香港風情的合菜館
	New Fortune Cookie 楓林小菜館

1 Queensway, London W2 4QJ

⊖ Bayswater

@ newfortunecookie

£ ●●○

逛超市！好物推薦

英國的連鎖超市品牌繁多，背後暗藏十分有趣的階級隱喻，不過這裡就不多談，簡單來說 Aldi、Lidl、Asda、Morrison 屬於經濟實惠款，處處可見的 Tesco 和 Sainsbury's 則是家常款，而 M&S 和 Waitrose 則是氣氛偏高級的精緻型。以下特別推薦幾樣值得嘗試的超市好物。

購物袋

英國超市的環保袋設計裡，應該就屬 Waitrose 最成功了吧，連 ebay 上都可以常常看到有人在賣已經停產的舊款設計。另一個我每年回台灣一定會帶幾個送媽媽的，就是 M&S 的保冷袋。回台後提著買菜，既好用又能勾起美好旅行回憶。

Crisps

美式英文裡是 chips，但在英國可要稱它為 crisps，國民零嘴洋芋片的口味多樣又好吃，Tyrrell's 是在超市相當常見的大品牌，最推薦 black truffle 松露和 sweet chili 甜椒。

Yorkshire Gold Tea

不少英國人唯一推薦的早餐茶，濃郁香醇、既能醒腦提神又療心安情。茶香芳厚，不容易有澀味，加入牛奶和少許糖，就是一杯道地的英式日常。

Mince Pie

英國傳統的聖誕甜餅，酥皮內塞滿切丁的果乾、種子和各種香料，大多數英國人並不喜歡，唯有 Waitrose Heston Blumenthal 系列的這款深植人心，吃之前用烤箱熱一下更讚。

Panettone

雖然是義大利傳來的節慶麵包，但已經成為英國超市聖誕節期間的熱推禮盒產品。據說在台灣一顆價值不菲，如果剛好 12 月來倫敦，不妨試試超市或義大利食品百貨 Eataly（P.50），品質好又平價。

Strawberry Trifle

特色甜點 trifle，由三層元素組成，由下至上為果醬果凍、卡士達醬、海綿蛋糕體和奶油，是英國甜點裡我最喜歡也覺得甜度最適當的，尤其夏天吃十分爽口，M&S 超市的版本很好吃。

Chutney

喜歡印度菜的想必對 chutney 不陌生，而英國作為前殖民帝國，生活中處處充滿南亞飲食影子。超市常見一罐罐芒果甜酸醬，變化多樣，除了搭配薄餅 poppadom 也可以與起司、烤肉、漢堡一起吃。

Waitrose No.1 Gelato

想在超市買到品質不錯的義式冰淇淋回旅店吃，請一定要試試這一系列的各種口味，馬達加斯加香草、芒果、開心果等等都很強。

Duchy Shortbread

提到大名鼎鼎的 shortbread 奶油酥餅，大家會先想到 Walkers 品牌，但如果想吃到更精緻香醇的口味，不妨試試 Waitrose 這款。

Coronation Chicken

1953 年為了伊莉莎白二世登基加冕宴會所發明的三明治餡，融合雞肉、香料、美乃滋，吃起來就像是口味比較淡的咖哩，可以買醬自己包在吐司裡，也可以購買這一口味的三明治。

葡萄、桃杏李、草莓

夏季吃草莓，秋季吃桃杏李 (nectarine, apricot, plum)，四季都有好吃的無籽葡萄品種：sable/candy floss/mango/victoria。

把倫敦帶回去！
非主流紀念品推薦

旅途中發現的各種物件都是承載回憶的紀念品，關於英國的、代表倫敦的。特別推薦幾項能展現英國創意力的小物，或許不是傳統直觀上的英倫風情，但絕對是細水長流的旅行載體。

Tea Towel 茶巾

十分具有英國味道的廚房小物，從超市、廚房用品店、百貨公司、甚至美術館禮品店都有販售。可用來擦乾碗盤、墊布、隔熱手套等等多元用途。（圖為義麵餐館 Lina Stores 的商品）

Daunt Books

老書店所推出的帆布包，是真正嗜書文青必備單品，缺點是一不小心就在地鐵上撞包。（店家資訊請參閱 P.176）

Camden Brewery 啤酒杯

啤酒品牌 Camden Brewery 位於 Kentish Town，若想收藏具有倫敦風味的啤酒杯，可以前往它的紀念品店逛逛。（55-59 Wilkin Street Mews, London NW5 3ED）

St. John 餐廳周邊商品

倫敦人氣響亮的米其林一星餐廳，以 nose to tail 整隻動物盡其用的方式為烹飪主打，餐廳品牌所推出的各種周邊更是許多人的時尚單品。（26 St John Street, Barbican, London EC1M 4AY）

Earl of East

倫敦起家的新潮香氛品牌，從蠟燭到精油都有，味道典雅、氣息獨特，我非常喜歡（33 Redchurch Street, London E2 7JB）。

Dishoom 食譜書

英國最成功的連鎖印度餐飲品牌所推出的食譜書，雖然十分厚重，但內容豐富、攝影精美、食譜十分詳實，我靠它復刻了不少很接近餐廳版本的菜餚。

Postcard Teas 茶葉

茶葉是不少人的伴手禮首選，若是逛膩了幾家大品牌，不如試試這間獨立小店。把茶葉做成包裝為精美插畫的明信片大小，嚴選全世界各地的優質茶葉，是相當別緻的茶葉選禮。（9 Dering Street, London W1S 1AG）

Port Wine
Graham's 20-Year-Old Tawny

雖然波特酒是葡萄牙產物，但英國跟波特酒十分有淵源，也因此在超市及許多酒品專賣店隨處可見，特別推薦 Graham's 葛拉漢酒廠 20 年，酒體濃郁、口感豐富，絕對值得。若預算有限，也可以入手 10 年的。

Hoxton Mini Press

東倫敦起家的獨立出版社，擅長攝影書及旅遊指南，出版物別出心裁，不少書店、美術館禮品區、獨立小店均有販售。

各大美術館禮品店

本書提到的眾多美術館都有附設選物用心的紀念品區，無論是送禮、挖寶或買給自己做紀念，都十分合適。

倫敦男子日常

134 個在地推薦╳精選好店╳散步路線╳放鬆去處

作者‧倫敦男子
裝幀設計‧Rika Su
插畫‧Mimi Lee ＊Twitter_mimi76704
特約編輯‧J.J.CHIEN
—
主編‧王衣卉
行銷企劃‧蔡雨庭
—
第五編輯部總監‧梁芳春
董事長‧趙政岷
出版者‧時報文化出版企業股份有限公司
一○八○一九臺北市和平西路三段二四○號七樓

發行專線‧（○二）二三○六六八四二
讀者服務專線‧（○二）二三○四七○一三
郵撥‧一九三四四七二四 時報文化出版公司
信箱‧10899 台北華江橋郵局第九九信箱
時報悅讀網‧www.readingtimes.com.tw
電子郵件信箱‧yoho@readingtimes.com.tw
法律顧問‧理律法律事務所　陳長文律師、李念祖律師
印刷‧和楹印刷有限公司
初版一刷‧二○二三年六月三十日
初版二刷‧二○二三年七月二十四日
定價‧新臺幣五八○元

時報文化出版公司成立於一九七五年，並於一九九九年股票上櫃公開發行，於二○○八年脫離中時集團非屬旺中，以「尊重智慧與創意的文化事業」為信念。

倫敦男子日常／倫敦男子作 . - 初版 . -
臺北市：時報文化出版企業股份有限公司 , 2023.06
256 面；14.8×21 公分
ISBN 978-626-353-973-0(平裝)

1.CST: 遊記 2.CST: 英國倫敦

741.719　　　　　　　112008782